海風河韻

东台市非物质文化遗产选粹

王晴晨 主编
郁萌 副主编

江苏大学出版社
JIANGSU UNIVERSITY PRESS
镇江

图书在版编目(CIP)数据

海风河韵 : 东台市非物质文化遗产选粹 / 王晴晨主编. -- 镇江 : 江苏大学出版社, 2023.11
ISBN 978-7-5684-2016-7

Ⅰ. ①海… Ⅱ. ①王… Ⅲ. ①非物质文化遗产—介绍—东台 Ⅳ. ①G127.534

中国国家版本馆 CIP 数据核字(2023)第 176216 号

海风河韵:东台市非物质文化遗产选粹
Hai Feng He Yun:Dongtai Shi Feiwuzhi Wenhua Yichan Xuancui

主　　编/王晴晨
责任编辑/张小琴
出版发行/江苏大学出版社
地　　址/江苏省镇江市京口区学府路 301 号(邮编: 212013)
电　　话/0511-84446464(传真)
网　　址/http://press.ujs.edu.cn
排　　版/镇江市江东印刷有限责任公司
印　　刷/南京艺中印务有限公司
开　　本/710 mm×1 000 mm　1/16
印　　张/15.75
字　　数/223 千字
版　　次/2023 年 11 月第 1 版
印　　次/2023 年 11 月第 1 次印刷
书　　号/ISBN 978-7-5684-2016-7
定　　价/98.00 元

编辑委员会

序

这几天翻阅着《海风河韵——东台市非物质文化遗产选粹》书稿，思绪不由得回到了魂牵梦萦的故乡。流传甚广的董永传说、充满祥瑞之气的舞龙耍狮、顺口幽默的上梁说鸽子、走街串巷的渔鼓道情、节奏整齐的钉船排斧、热闹非凡的庙会香期，还有那汤白汁浓的鱼汤面、稠绵甘畅的糯米陈皮酒、老卤炖制的猪头烧腊、清凉爽滑的变蛋……我酣畅淋漓地享受着这土风土味的文化大餐。

这本带着浓郁家乡底色的非物质文化遗产选粹，是生活在东台这片沃土上的先民们一代又一代传承至今的精神财富，犹如一幅鲜活的、立体的、靓丽多姿的民间风俗画卷展现在我的面前。掩卷长思，不由得心生感慨。

说起东台非物质文化遗产，不能不想到令家乡人引以为傲的周巍峙先生。周先生是著名音乐家，他创作的“雄赳赳、气昂昂，跨过鸭绿江……”脍炙人口，唱响中华大地。他还是中国民间文化的真诚守望者，中国非物质文化遗产保护的先行者。早在1979年，时任文化部代部长的他，针对时代变迁、民族民间文化消失速度日益加快的状况，亲自组织实施中国民族民间文化保护工程、中国民间文化遗产抢救工程，主持编纂10部“中国民族民间文艺集成志书”。这一伟大创举既为中华民族建起一座原生态的文化基因宝库，也把活跃在老百姓生活中“难登大雅之堂”的民族民间文化推上了国家文化艺术的殿堂。那时我在家乡时堰镇文化站工作，有幸参与周巍峙先生组织的这项宏伟的中国民族民间文化保护工程，白天手提录音机，脚踏自行车，走村串户寻访民间艺人，收集民间故事、歌谣、谚语，晚上挑灯夜战，逐字逐句进行记录整理。时堰镇成为当时东台市率先完成民间文学三套集成编纂任务的乡镇。可以说，这10部“中国民族民间文艺集成志书”是政府主导、社会广泛参与，自上而下合力推动的结果，是周巍峙先生一手策划，亲自组织实施，用四分之一世纪的时间建立起来的“文化长城”，为中国非物质文化遗产的保护奠定了坚实的基础。

“非物质文化遗产”取代过去长时间使用的“民族民间文化”“民族民间传统文化”等概念，是在21世纪之初。2001年，联合国教科文组织通过的《世界文化多样性宣言》中第一次出现“物质文化遗产”和“非物质文化遗产”的概念。物质文化遗产是“固态的”，包括可移动文物和不可移动文物；非物质文化遗产是“活态的”，包括口头文学、传统表演艺术、民俗活动、红白礼仪、节庆、传统手工艺技能、民间传统医学药学，以及与上述表现形式相关的文化空间。中国的昆曲和古琴艺术分别于2001年和2003年入选联合国教科文组织公布的“人类口述和非物质遗产代表作”项目名单。此后，这一概念开始广泛出现在我国各级官方文件中。

非物质文化遗产诞生于农耕时代，植根于民族民间的沃土，是千家万户、千业百行的劳动人民用智慧和双手创造出来的。东台通江达海，缘水而兴、依海得福。堤西成陆时间久远，土地肥沃，颇利耕作；堤东滩涂多草，有煮海为盐之利。良好的生态环境，给东台先民农耕渔猎、繁衍生息提供了更多的选择。开庄遗址、东台—兴化蒋庄遗址的发现，表明早在7000多年前就有先民在这里生活劳作。如此厚重的历史积淀，创造出多少民间传说、生产方式、劳动技艺和风俗礼仪，现代人是无法估量和想象的。不管怎样，这些流传至今的非物质文化遗产，是一代代东台人耳濡目染、口传心授，并在传承中创造，在创造中发展出来的，是祖先留给我们的厚重礼物，承载着先人的荣光，更是文化创新、文化自信的重要基础和源泉。

东台非物质文化遗产保护工作，一直秉持行稳致远、守正创新的理念，积极探索抢救性保护、整体性保护、生产性保护、活态性保护的方式方法，充分调动传承人、传承主体、市场主体和社会组织的积极性、主动性，使非遗保护的当代价值得到进一步彰显。东台书画、发绣、二胡等民间艺术先后多次被文化部命名为中国民间艺术。全市现有列入国家、省、市、县（市、区）级非遗名录的项目56项，省、市、县三级非遗传承人100多名，这是非常了不起的成就，足见东台“家底”丰厚、根脉绵长。

见人见物见生活，让中华优秀传统文化以新姿态、新方式走进大众生活，是东台非遗传承保护工作引人注目的亮点。2000年，我作为第六届中国艺术节组委会的一名工作人员，见证了来自东台的民间艺术在国家艺术节上的精彩呈现。东台民间艺人首次在国家艺术殿堂亮相，王琼的发绣、王东元的彩绘葫芦、高大中的大观园微型景观等作品精妙绝伦。在此后的首届江苏·中国民间艺术节、第二届中国家庭文化艺术节、江苏省文物节等重大节庆展示活动中，均能见到来自东台的非遗传承人和他们的代表作品。更令人惊叹的是，东台对列入首批国家级非物质文化遗产名录的董永传说，进行深度挖掘、整理和完善，并依托太平洋西岸最大的生态湿地——黄海湿地，将自然风光与古建筑融为一体，巧妙地将中国传统爱情故事和孝贤文化的灵魂，活化成全国首家大型爱情主题公园——东台董永七仙女文化园，将“无形”的文化资源成功地转化为“有形”的文化财富。这种创造性转化和创新性发展，让传统文化和现代生活融合在一个连接点。

《海风河韵——东台市非物质文化遗产选粹》是东台市文化广电和旅游局精心组织策划、编撰出版的融专业性和趣味性于一体的普及读物。其中的典型非遗案例，是在摸清全市范围内非遗家底的情况下遴选出来的。全书按民间文学、传统音乐、传统美术、传统舞蹈、传统技艺、民俗、传统医药、曲艺、传统体育游艺与杂技九个门类系统介绍了56个非遗项目。编撰人员删繁就简，力显精髓，用通俗的语言讲述每个非遗项目的历史、特性、传承人及社会影响，最大限度地保留每个非遗项目的完整性，体现学术性和知识性。不仅如此，本书还运用精美的图片立体直观地展现非遗项目的操作技艺、传承人的精神风貌及代表作品，让读者感受到淳朴清新正宗的乡情乡韵。可以说，这是一本可触摸、可感知的东台非遗“大典”。

既是选粹，当然不可能“大全”，难免挂一漏万，甚至有遗珠之憾，但本书能够出版乃是幸事一件。本书不仅仅记录了与东台人民群众生活密切相关、世代赓续的非遗项目，更承载着每个东台人抹不去的心头记忆。书以载道，文以化人。本书能潜移默化地增强东台人爱国爱乡的自豪感、归属感和幸福感。我们每个人无论在哪里，也无论走多远、飞多高，都不能忘记祖辈们走过的路，当以敬畏之心虔诚地守护好、继承好这些带着浓浓烟火气和人情味的“活化石”。全书字里行间饱含着编者们的责任与担当，体现出东台文化人对故乡人文的深深眷恋。本书既是对东台非遗传承保护的阶段性总结，亦可助力乡村振兴、地方文化创意、文化博览、动漫游戏、数字传输等新兴产业发展。

“问渠那得清如许？为有源头活水来。”传承“活态文化”的非遗，关键在于传承人的培养和受众面的扩大，否则逃脱不了“人在艺在、艺随人亡”的命运。培养一批批代表性非遗传承人，确保非物质文化遗产生生不息、代代相传，任重道远。如今，在保持核心理念和技艺、代表性元素和符号不丢失的前提下，非遗保护传承实践的“中国方案”已焕发出新的生机，在文旅融合中、在现代生活里、在工艺制造上、在艺术创作时……演绎着新时代民族民间文化绚丽多姿的壮美传奇。相信家乡人民、非遗保护工作者、非遗传承人一定会跟随着时代发展的脚步，通过智慧的、科学的手段，打开非遗“活水”之源，让代表东台文化气质的民间传统技艺“活”起来，“亮”起来，“炫”起来，使非遗之花绽放出历久弥新的光彩。

稽亚林

2023 年 1 月于南京挹古斋

稽亚林，江苏东台人，中国美术家协会会员，中国群众文化学会常务理事，江苏省群众文化学会会长，江苏省群众文化学会书画研究院院长，南京博物院首任党委书记，江苏省文化和旅游厅原副巡视员。

目录

民间文学

传统音乐

传统美术

传统舞蹈

传统技艺

民俗

传统医药

曲艺

传统体育、游艺与杂技

附录

后记

民间文学

董永传说

历史沿革及分布情况

汉高祖十二年（前 195 年），刘邦封刘濞为吴王，建都广陵（今江苏省扬州市）。刘濞在东台一带设西溪盐场，吸海水煮盐；在广陵铸私钱（今南京市六合区境内现存一座冶山，为刘濞当年冶铸之所），以作货币流通；利用邗沟，以作运盐水道。历经 50 多年，西溪盐场人稠业旺。汉武帝建元元年（前 140 年），为适应生产需要，设立西溪镇。其时，西溪镇由于东濒滔滔大海，具有得天独厚的地理优势，逐步形成规模化的盐业生产和集散地。商贾过客稠密，灶民盐贩活跃。西溪当年的繁华和兴旺，有“鱼盐地僻千年产，桑柘林成万井烟”为之佐证，由此孕育了董永行孝、七仙女下凡等故事的人文基础。

据清代刘积兰《彭城堂笔记》记载：西汉时，山东巢州有一个农家女叫张七妹，随父逃荒到东台西溪，见董永卖身葬父，身受苦辛，很为同情，就嫁给了他。家贫无食，七妹把藏在怀中的一张“蚕子”孵化，摘桑叶饲养，三年后，四乡八镇广为推广。七妹用织绢偿债，操劳过度死去，遗有一子一女。乡亲们很怀念她，就附会她是七仙女下凡，后归天庭。

董永与七仙女的传说通过汉魏文学家记载、加工创作并得以传播。唐宋是我国古代文学的鼎盛时期，敦煌变文《董永行孝》和民歌《天下传奇十二时》就出现在这个时期。明代《清平山堂话本 · 雨窗集（上）》中的《董永遇仙传》讲述了董永后来的生活。董永受皇封做官；

七仙女私下把与董永生的儿子送回人间，取名董仲舒。董仲舒长到十二岁时在相士严平君指点下寻母，七月七日在太白山下见到母亲之后，获得两个净瓶，一金一银。他将金净瓶送给了严平君，却烧毁了严平君的“命相书”，熏瞎了其双眼（引出盲人算命的由来）。银净瓶中有七合米（约十分之七升），仲舒不听母亲教导，一次就把七合米全吃了，于是身材暴长，腰粗十围。董永故后，董仲舒守孝三年，后升天为“鹤神”。此后，元人戏文《董秀才遇仙记》（《九宫正始》），明人心一子的《遇仙记》、顾觉宇的《织锦记》等文学作品基本上都受到了封建教化思想的影响，利用“孝”来为封建统治阶级服务。1955 年，董永与七仙女的故事被改编成黄梅戏故事片《天仙配》，次年在全国公映。此后，董永与七仙女的传说广为传播，深入人心。

东台西溪一带有关董永与七仙女传说的地名遗迹有 50 多处。它们构思奇特，寓意深刻，大大丰富了这一故事的内容。

在西溪南边的古丹阳村（东台市梁垛镇丁堡村），有一“董家垛”，这里是董永的出生地。村南有一“泥灌窑”，是董永栖身的寒窑。村东有董永在谭庄头家当牧童的“放牛场”和割饲草的“港坂河”，有试犁的“犁头尖”和待开垦的荒地“野圩子”。村东南有董永摸鱼用的“花鱼（鲤鱼）划子”和做罐坯时取黄泥的“黄泥垛”。在西溪北面有一个小村庄，叫“傅家舍”，董永曾卖身于此。大地主曹长老家的“曹家大院”亦在附近。在“缫丝井庵”之后有一小池，叫“凤凰池”，七仙女和众姐妹常从天上来此沐浴，董永和七仙女就是在这里相识的。“七仙湖”和“藕池沟”是姐妹们经常采菱摘藕的地方。一天，董永与七仙女邂逅。七仙女敬慕董永勤劳孝顺，倾诉了欲结夫妇的衷情。董永十分为难，用手指着家里说：“董永上无片瓦遮身体，下无寸土立足基，请你不要错爱董永，另择良人吧。”说后匆匆而去。七仙女愈加敬重董永的贤孝，追随其后，到了一个“八”字岔路口（这个地方名为“八岔”，后取谐音名“八舍”）。七仙女在距古丹阳村“十八里河口”不远的地

◆ 上 董永与七仙女传说

◆ 下 十八里河口

方，看到一株高大茂盛的“槐荫树”，树下有一位须发皆白的老者。老者问她追什么人，七仙女红着脸说出原委。于是老人想方设法找到董永从中说合，最终手牵着董永与七仙女，为二人在“土地祠”举行了婚礼。这位老者就是当方土地神。二人出得祠来，拜谢过老者上路而行，一径来到董永卖身的傅员外家。傅员外故意为难七仙女，给了她一大堆乱丝，限她一夜织成十匹云锦。七仙女烧起难香，请众姐妹相助。丝理好了，要一夜间织成这么多云锦，没有天梭不行。这时，有一只仙鹤从天上飞过，众姐妹就叫它飞到天宫取天梭。白鹤落脚的地方叫“鹤落�”，放梭子的地方叫“梭子田”，七仙女缫丝取水的井，就叫“缫丝井”，该井大旱之年也不涸。傅员外第二天早晨起来一看，大吃一惊，认为是天上神仙下凡，不敢得罪，算董永三年期满，打发他们夫妇回家。董永夫妇兴高采烈，双双从西路回家，沿途请教老乡如何行路，这个地方就叫“问家垛”。他们看到路边低洼的草田里芦花甚多，便折些芦花回家编扫帚，这低洼的草田就叫“路洼荡”。后行至一高墩，董永下水洗手后，又步上高墩，从水边到墩头是八步，这地名就是“八步山”。董永夫妇回家后仍住在寒窑里，过着男耕女织的生活。村中有七仙女栽培桑树的“桑家沟”，有她养育蚕宝宝的“癞宝垛”。在村东南，一群小姑娘拦住正在采桑的七仙女，要拜她为师，请她传授蚕桑技术。后来这里被命名为“关科沟”。村南有七仙女和村姑刈麻结网的排水沟，名叫“麻沟湾”。再向南，有村民和七仙女的弟子们帮助董永夫妇开挖的一条饮水河，名叫“梓辛河”。

相传七仙女下凡百日期满，天帝催归。董永不知此事，这天一早仍下地耕田。天兵天将把七仙女抓走，七仙女手执火叉在锅膛里烧干饭，太白金星喝叫将火叉抛向河中，这条河就叫“火叉湾”。董永闻讯拼命追赶，夫妻二人在河边哭得难舍难分，这条河就叫“辞郎河”，河边的村庄就叫“辞郎庄”。明代吏部尚书储罐曾有诗曰：“辞郎复辞郎，乃在河之浒，仙人亦有情，能不别离苦。”董永还在后面追赶不停，天将欲加害董永。七仙女连忙取下头上金钗，在地上一划，遂成一条河，挡住董永来路。她随手将金钗插在地上，立即变出两口深井，这对井就叫“金钗井”，又称“凤升井”，俗称“双井”。七仙女丢下一双绣鞋给董永作留念，落鞋一只在河东，一只在河西，这两处分别叫“东鞋庄”“西鞋庄”，后合称东台市五烈镇双鞋村。天帝把七仙女抓上天后，认为她沾染了凡尘，命天将把她的肝肠掏出来，放在河中清洗干净，洗肝肠的河就叫“肝肠河”，汰清肝肠的河就叫“清汰港”。七仙女上天后，受尽折磨。不久，她生下一个男孩，忍痛把他送回人间，放孩子的地方叫“舍子头”。她托梦给董永，要他来领孩子，董永做梦的地方叫“梦儿尖”。接孩子在老槐树下，这棵古槐就叫“接子槐”。七仙女丢下爱子，不敢停留，怀着对董永的无限依恋和对天帝的愤懑，回到凄清的天宫。有个地方就叫“摹云庄”。董永又当爹又当娘，日日夜夜盼望爱妻归来，骨肉团聚。他经常抱着孩子伫立在七仙女与他最后答话的地方仰望天空，这个地方就叫“应庄”，也叫“殷庄”。众乡邻帮助董永照料孩子，这座抚养孩子的房屋被称作“扶子堂”。在丹阳村东南有董永儿子读书的地方，就叫“念书沟”。村北有地名“北牌楼”，是后人为董永树立石牌坊的地方。西北有汉武帝时期丞相公孙弘奖给董永的生活田，叫“弘嘉田”。西溪向南五六里地，有一座古庙，叫“董永庙”，庙旁有一座古坟，坟前有一块石碑，碑上铭文“汉孝子董讳永之墓”（现东台市梁垛镇董贤村内）。因为这里是董永的埋骨之所，所以人们为了纪念董永，就叫它“董家垥”，后为“董贤乡”“董贤人民公社”“董贤村”等。在西溪东一里多地处，董永父亲的墓地就在一块田里，路边立有一碑，名“董父墓”。这些虽是民间传说，但史料与传说相结合，说明西溪历史悠久。早在汉代，这里就人烟稠密，生产发达，民间就已供奉董永父子。

◆ 上　缫丝井

◆ 下　舍子头

文献记载与历史流变

董永与七仙女的民间传说源远流长，历代史学家、文学家通过他们的笔墨记载、赞颂了这一婉约凄恻的美好故事。早在西汉时就有文献记载，文学家刘向（约前77—前6年）编制了《孝子图》。其辞云：

前汉董永，千乘人。少失母，独养父。父亡无以葬，乃从人贷钱一万。永谓钱主曰："后若无钱还君，当以身作奴。"主甚愍之。永得钱葬父毕，将往为奴，于路忽逢一妇人，求为永妻。永曰："今贫若是，身复为奴，何敢屈夫人为妻?"妇人曰："愿为妻，不耻贫贱。"永遂将妇人至。钱主曰："本言一人，今何有二?"永曰："言一得二，于理乖乎?"主问妻曰："何能?"妻曰："能织耳!"于是索线，十日之内十匹绢疋。主惊，遂放夫妇二人同去。行至本相逢处，乃谓永曰："我，天之织女，感君至孝，使我偿之。今君事了，不得久停。"语讫，云雾四垂，忽飞而去。

刘向编绘的画像现已失传，而其辞幸得由《太平御览》保存下来，其故事情节就是根据民间传说编写的。故事前半部分与现在流传的相差不多；后半部分则不同，是织女在事成之后自动上天。刘向是西汉王朝楚王刘交的四世孙，历经宣帝、元帝、成帝三朝。他生在西汉（前汉），焉能预见身后有"后汉"？原来，《太平御览》是宋太宗时根据北齐《修文殿御览》、唐代《艺文类聚》《文思博要》等汇编成的一部大型类书。现在，除《艺文类聚》外，其余均不传。清代阮元序鲍刻本《太平御览》云："存《御览》一书，即存秦、汉以来佚书千余种矣。"所以，"前汉"是唐宋人征引资料的口气，有人据此证明："这一段记载仅见于唐代人的引证，恐怕未必可靠。"我们认为，如果是"假托"，伪造者改"前汉"为"汉"或"本朝"有何难哉？由此推定，此故事的起源不会迟于西汉末年。

东汉冲帝（刘炳）永憙元年（145 年）左右的武梁祠石刻画像中，就形象地描绘了董永卖身葬父的故事，说明这个故事在当时已家喻户晓。寺观祠堂已用石刻公之于殿堂之上，宣传孝道，要人学董永，做孝子事亲。画像以此为题材，说明董永卖身葬父的故事早在永嘉之前就广为流传，可以说是我国的一个流传甚久甚广的民间故事了。

三国时的曹植（192—232 年）虽出身于皇族，但对民间文学有着浓厚的兴趣。他在黄初三年（222 年）所撰《灵芝篇》中写了古代四位大孝子的故事，即虞舜、韩伯瑜、丁兰和董永，其中有咏董永诗句：

……董永遭家贫，父老财无遗，举假以供养，佣作致甘肥。债家填门至，不知何用归，天灵感至德，神女为秉机。……

这首诗是目前为止直接反映董永故事的最早的文献资料。诗中故事情节与嘉祥武氏祠画像所表现的内容基本相符。

东晋史学家、文学家干宝所编《搜神记》中也记载了董永卖身葬父之事，但故事情节与前略有不同：

汉，董永，千乘人，少偏孤，与父居。肆力田亩，鹿车载自随。父亡，无以葬，乃自卖为奴，以供丧事。主人知其贤，与钱一万，遣之。永行三年丧毕，欲还主人，供其奴职。道逢一妇人曰："愿为子妻。"遂与之俱。主谓永曰："以钱与君矣。"永曰："蒙君之惠，父丧收藏。永虽小人，必欲服勤致力，以报厚德。"主曰："妇人何能?"永曰："能织。"主曰："必尔者，但令君妇为我织缣百疋。"于是永妻为主人家织，十日而毕，女出门，谓永曰："我，天之织女也。缘君至孝，天帝令我助君偿债耳。"语毕，凌空而去，不知所在。

北魏元谧墓石棺线刻画有"孝子图"。"孝子图"共六幅，第一幅即"孝子董永"，有三个画面：一为董永向财主借债；二为董永急行赶路；三为董永途遇仙女。

根据汉魏的故事，由民间流传的《二十四孝图》整理而成的《孝行录》一书，正面是董永与七仙女在槐荫分别的画面，后面有一段文字：

（汉）董永，家贫。父死，卖身贷钱而葬。及去偿工，路遇一妇求为夫妻。俱去主家，令织缣三百匹乃回。一月完成，归至槐荫会所，遂辞永而归。

葬父将身卖，仙姬陌上迎。织缣偿债主，孝感动天庭。

《孝行录》虽是清代刊本，但文字显然是根据汉魏的文字记载刊刻的，图像则成于明末清初。从以上引文来看，董永与天仙相配的故事，在汉、魏、晋历代相传，由于时代不同，传播的年代不同，环境不同，故事也有着细微的差异。但它们有一个共同点，即情节大体相同，基本上保持了民间故事的风貌，粗犷质朴，成为后来这类文学的雏形。

唐释道世《法苑珠林》卷六二引刘向《孝子图》云：

董永者，少偏孤，与父居。乃肆力田亩，鹿车载父自随。父终，自卖于富公，以供丧事。道逢一女，呼与语云："愿为君妻。"遂俱至富公。富公曰："女为谁？"答曰："永妻，欲助偿债。"公曰："汝织三百疋，遣汝。"一旬乃毕。女出门，谓永曰："我天女也，天令我助子偿人债耳。"语毕，忽然不知所在。

值得注意的是，此段记述中引文部分没有"前汉"二字，说明《孝子图》不是后人伪托的，而是真实的，董永当是西汉人。

北宋丞相晏殊在西溪任盐仓监时，为政清廉，为民造福。北宋时后人为纪念他改西溪为晏溪，并编修了《晏溪志》，其中记载：

汉董永，西溪人，养父家贫，流寓佣工，父亡，贫无以葬，自卖其身，贷主人曹长老万钱以葬，孝感于天，降仙女为偶，永与俱伺钱主。令缫丝织绢三百尺，一月而毕，以赏万钱。一月毕，辞永去曰：我乃天庭七女也，缘君至孝，故代为织绢。言讫，凌空去。

北宋《吴淑事类赋》注：

董永墓，在如皋县北一百二十里。元扃叠立，有人长暝，不封不树。

西溪地处如皋以北，与所记距离相等。此处所载正为西溪的地理位置。

南宋《方舆胜览》载：

海陵西溪镇，汉孝子董永故居。而“孝子祠”、“天女寺”、“缫丝井”皆以永传。

元赵道一《真仙道鉴后集》卷二《织女》记载：

董永少失母，养父。家贫佣力，至农月以小车推父置田头树荫下，而营耕作。父死后，自主人贷钱一万，自卖身为奴，遂得钱葬父。还于路忽见一妇人，姿容端正，求为永妻，永乃与俱诣主人。主人令永妻织绢六百匹，“放汝夫妻”。乃当机织，一月毕，主人深怪其速疾，遂放之。相随至旧相见之处，而辞永曰：“我天之织女，缘君至孝，天帝令助君偿债。”言讫，凌空而去。今泰州有汉董永所居，天女缫丝井存焉。（出自《汉书》）

（后注云：此处《汉书》指汉世流传之书，非史书之《汉书》。）

从这里可以看出，董永与七仙女的故事在汉代时就有史料记载，自汉至今在西溪世代流传、生生不息。

明嘉靖《维扬志》载：

董永墓：在泰州西溪场，亦有董父墓。

明《西溪镇志》载：

西广福寺，在镇西北一里四十步，此寺董永行孝时，即曹长者之故宅其址，长者无子，遂捨其家，就室建伽蓝殿，事迹沦没，惟缫丝井存焉，自汉章帝元和年具表，赐名奉孝……

天女庙，在镇东凤凰池后，昔董永遇天仙于此，后凤凰来浴于池，天仙乘凰而去，时人见其孝感，遂建此庙，久废无迹。

董永庙，在镇西广福寺之后，汉时建立，今失所在，孝子董永佣于赤荻垛曹长者家，觅钱葬父，孝感于天，立祠以祀至今，其万历丙子岁，浙江山阴人水利道佥事黄猷吉，立祠立像于范文正公后，祀之，朱坚看守，春秋祭之。

凤凰池，在镇东广福寺西北，董永遇仙女，七月七日，乘凰于此，浴去，后废。

董永墓，在镇一里四十步，有汉董永墓，在西广福寺后。按《吴陵志》（即《泰州志》）：古有此墓，墓塌久矣，亦有永父墓，葬曹长者故宅，其事迹本末，《晏溪志》载甚详。

董父墓在镇东北角“龙王庙”西侧。后人为他在墓旁建一亭，取名“永父正公亭”。至今董孝贤祠内仍有对联为证：“卖身葬父一贫如洗，忠心为奴孝思严亲。”

明何垛场大使、诗人陆原博题董永祠墓，吟诵出“千年遗事青山在，冢草萋萋带染痕。环佩不归双凤杳，白云长日护溪村”的绝句。

明末清初著名盐民诗人吴嘉纪留下了千古绝唱：

烟墟晻蔼野晖斜，问讯溪中仙女家。
一自杼声闻下里，千年泉水出寒沙。
离尘古甃自生藓，照影今人谁似花。
环珮遥遥不可遇，荒原徙倚暮云遮。

清雍正《泰州志》载：

汉董永，丁溪场人，即世传卖身以葬父者，今本场永与父墓并存焉。

清嘉庆《东台县志》卷二十二引《晏溪志》载：

董永，西溪镇人。父亡，贫无以葬，从人贷钱一万，以身作佣，毕，道遇一妇人求为永妻，永与俱诣。钱主令织绢三百匹以偿。甫一月毕，辞永去曰：“我天上织女也，缘君至孝，天帝命我代为织绢。”言讫，凌空去。今西溪镇永与父墓并存焉。

清道光《泰州志》载：

董永，丁溪场人（雍正《扬州府志》作海陵西溪镇人），即世传卖身葬父者，今丁溪场永与父墓并存。西溪镇有天女缫丝井。

清道光贡生夏荃撰《海陵丛刊·退庵笔记》载“董孝子祠记”：

董孝子名永，西溪镇人，鬻身葬父及遇天仙事详《州志》，永与父墓俱在西溪。辞郎庙、缫丝井、凤昇井、义乡桥诸古迹皆永故事。永西汉人，为吾邑人物之冠，其井墓亦古迹，最久者祠……

综上所记载，全国各地董永传说众多，唯独西溪一带的传说如此高度集中，事实清楚，历代不息。

宋《锦绣万花谷》（阙名著）于淮南东路泰州载：

天女缫丝井在西溪镇广福院，相传汉董永所居，井即天女汲以缫丝者。

宋《广事类赋》："天女缫丝纷络绎。"注云：

泰州西溪有缫丝井，世传汉董永寓居于此，井即天女汲以缫丝者。

明英宗天顺六年（1462 年）巡宰李诚莅监西溪，查看"缫丝井"后，建亭其上。当年九月亭建成，亭的梁柱上还雕刻有水藻形的花纹。

明礼部侍郎王瓒曾赋《缫丝井诗》：

彩云飞去凤笙残，月转梧桐玉甃寒。
机杼荒凉秋草歇，辘轳寂寞野花团。
祇凭博望知源邃，肯信麻姑见底乾。
千古真遊何处觅？一双鸣鹤绕栏杆。

明万历四十年（1612 年），西溪巡检司刘文奎又为之修亭作记。

明天启四年（1624 年）《淮南中十场志》载：

"缫丝井"去场七里，在西溪镇广福寺后，相传汉曹长者遗宅中。孝子董永，贫不能葬父，以身佣万钱归治葬事，道遇一女求配，偕往主家佣纺织，月成缣百匹，尽尝所贷，遂相携归，经前相遇处，女忽凌云而逝，始知其为仙女，遂名此井为缫丝，今尚未泯，井口小而下实弘深，水味甘洌，每旱，诸井皆涸，此井不失其常，春蚕熟时，井生草根长丈余，传为仙迹云……金钗井，在西溪镇市河东，世传仙女别董永时金钗插地而成者。

明都御史凌儒曾作"何垛八景"之一《董井寒泉》诗：

报德何难自鬻身，缫丝人远事犹新，
金梭尚照西溪月，玉井长流东海春。
万古纲常垂胜地，千年祠屋傍通津，
漫游忆昔曾瞻拜，采拾方言字字真。

明末清初，郑板桥好友、兴化人顾繄（号于观）作的《缫丝井亭记》中引录过丘容咏“缫丝井”诗：

天女缫丝中，
仙君始得名。
谁知千载后，
不断辘轳声。

清盐运泰州分司褚世暄题诗刻石，诗曰：

天女常辞金井栏，
至今泉水尚清寒。
博兴瀛海争传处，
叹煞从来孝子难。

又记“天女缫丝井”云：

在西溪镇广福院，汉董永所居，即曹长者故宅内井也。永养父至孝，家贫常佣力，父亡，贷主人万钱以葬，约自鬻其身。后感天女为偶，一月织缣三百六十匹以偿，乃凌空去。井即其汲以缫丝者，水最深广，旱汲不绝，每蚕熟时，井有白草根长丈余如丝然。

（本文部分内容摘自《董永故里（东台市卷）》，薛德华主编，江苏人民出版社，2006 年 12 月出版）

◆ 上　七仙女塑像

◆ 下　“董永故里”石刻

安丰民间传说

安丰镇地处里下河与沿海交接处，范公堤、串场河、通榆河穿境而过。安丰唐初建制，明清时期盐业发达，成为“淮南中十场”之安丰场。安丰因文化底蕴深厚而成为苏北首家“中国历史文化名镇”。安丰人文荟萃，古迹众多。代表人物有明代泰州学派创始人王艮、清朝布衣诗人吴嘉纪。虽然庙宇古迹因历史原因大多毁坏，但经久不衰的民间传说却至今广为流传，脍炙人口。不少传说在《淮南中十场志》《泰州县志》《东台县志》中有相关文字记载。

安丰民间传说大致可分为人物传说、地名传说、药草传说、清官传说、旧俗传说、庙堂传说等。人物传说如《王心斋的故事》《郑板桥吃狗肉的故事》《月江活佛的故事》等；地名传说如《星月桥下的手印》《白龙池的由来》等；药草传说如《何首乌的故事》《人参堂的传说》；清官传说如《留靴离任》《巧断烟袋案》；旧俗传说如《正月半，炸麻串》《元宵节灯会》《盐生日》《舞龙灯》等；庙堂传说如《关帝庙的故事》《崇宁神钟》《北极殿和三官殿》等。

2000年以来，安丰镇结合江苏省历史文化名镇、中国历史文化名镇和安丰古街旅游景区的申报工作，多次组织人员进行挖掘整理工作，先后整理出版“安丰镇民间文学三套集成”“中国历史文化名镇·安丰历史文化丛书”及画册《安丰古街》。

安丰地名的由来

北极真武大帝有一匹白马，是北海龙王的二儿子北极白龙变的。一天，他出宫南游，来到东海边的东淘（安丰古称），时而到白龙池戏水，时而到海边行风施雨。东淘一带风雨成灾，庄稼被淹没，人畜被淹死。三官大帝得知后，先后来此伏妖治水。这三官便是天官尧、地官舜、水官禹。最后，禹识得水妖就是北极真武大帝的那匹白马——北极白龙。它贪玩作恶，不想回宫。

禹王请来了真武大帝，用镇龙法术降住白龙。白龙被驯服之后，也就不走了，不再作恶，相反做了许多好事。从此东淘年年风调雨顺，家家安居乐业、丰衣足食，成了真龙宝地，并改名叫“安丰”。老百姓为了感谢真武大帝，在场北建了镇龙寺，塑了真武大帝的神像供奉在寺内；又在镇龙寺的西边建了白马寺（镇龙寺和白马寺也就是现在的北极殿）。为了纪念三官大帝，人们又在镇上建造了三官殿供奉尧、舜、禹三帝。

◆ 上　安丰民间传说宣讲现场

◆ 下　安丰镇相关图书

富安民间故事

唐开元元年（713 年），虎墩场归属海陵监（监署驻今泰州）。北宋天圣六年（1028 年），范公堤筑成后，阻挡海潮，使盐业生产有了保障。元代时，虎墩场改称富安场。明洪武元年（1368 年），设泰州盐运分司驻东台场，管辖含富安在内的 10 个盐场，史称“淮南中十场”，盐业生产进入鼎盛时期。清代中叶以后，因富安处于淮河、长江入海汇流处，海岸线东移的速度加快，淮盐走向衰落。民国初期，实业家张謇在安梁场兴办大赉盐垦公司推广植棉，延续一千多年的富安盐业生产退出历史舞台。

勤劳的富安盐民在劳作之余，还留下了许多美丽的民间传说。有的是对一些自然现象无法解释而产生的臆想，如《九龙港的传说》《磨刀雨的传说》；有的是出于对抗击自然灾害的英雄的尊崇而编造的传说，如《富安白果树的传说》《富安的由来》；有的是对自然地理形成历史的附会，如《止马缺》《黄金坝》；还有的是对当地风俗习惯、特产佳肴的艺术性反映，如《金豆开花龙抬头》《曹孟德遗嘱》；等等。

富安民间故事以曲折动人的故事形象、充满想象的情节表现古代富安人民的生活、习俗和信念；用奇特的风俗习惯、鲜明的人物形象、爱憎分明的感情，表达富安人民对美好生活的热切向往。富安民间故事都源自苏北黄海海滨或里下河地区，语言质朴纯真，乡土气息浓郁，地域特色鲜明。

民间故事是口传的历史，带有特定时代和生活状态的印迹，其中蕴藏着信史记录的空白。人们可以从中窥探出民间的历史情感和精神依附。在人们长期口耳相传中形成的民间故事，具有简洁精练的表达方式和曲折生动的故事情节，突出体现了传统的审美习惯。富安民间故事为我们保存了许多珍贵的语言、民俗、宗教信仰，以及人类迁徙、生产生活等各方面的文化研究资料。

富安历史文化馆中对富安民间故事的介绍

弶港海边故事

弶（jiàng）港镇位于东台市东部，濒临黄海，南与南通市接壤，北与盐城市大丰区交界。弶港镇有新港、蹲（cún）门、渔舍、弶港、黄海、镇海、弶南、巴斗 8 个渔村，15 个居委会，7 个农业村，它们全部分布在沿海 85 公里的海岸线上。

民国初年，弶港就是苏北沿海较大的渔村，而今已成为苏北沿海渔业重镇。全镇有渔民 1 万多人，2000 多条渔船常年在海上从事渔业生产。

弶港海面拥有东沙、西沙、蒋家沙、牛角沙和元宝沙 5 个美丽神奇的沙洲。东沙生活着 1200 多种海洋生物，其中鱼类 400 多种，甲壳类 50 多种，贝类 40 多种，鸟类 210 多种，爬行类 40 多种，海生哺乳动物 10 多种，海生植物近 300 种。

弶港海边故事是几百年来渔民在海上捕捞生产，在海边生活中逐步形成、丰富、沉淀下来的奇闻轶事，在弶港一带口耳相传已有 200 多年的历史，在长江口以北至连云港沿海的广大渔民和在海边生活的人群中也广泛流传。弶港海边故事内容众多，内涵丰富，人物形象鲜活，情节曲折生动。如弶港笆斗山、五大沙洲等地名传说内容完整，在附加了神奇的传说后，使人感受到弶港历史的沧桑，从而产生敬畏和向往之情；又如各种海里贝类和鱼类的故事，因贝类和鱼类系海边特产，又因故事中添加了某种人性的光芒，故听起来像童话故事一般，让人感受到大海的神秘和弶港物产的丰饶富有。弶港海边故事扎根于弶港海边，具有鲜明的地方文化特色，融思想性、知识性、趣味性、地域性于一体，寓教于乐，展现了弶港海边的历史文化和渔民的文化创造力，有助于对广大青少年进行爱国、爱家乡和传统美德的教育。近年来，弶港海边故事不断得到传承和发展，吸收了许多新时期的生活元素。

◆ 赶海人

传统音乐

弶港渔民号子

弶港渔民号子是几百年来渔民在海上捕捞生产过程中利用最原始的生产劳动工具与大海抗争中逐步形成的一种民间音乐，已经有 200 多年的历史，在长江口以北至连云港沿海的广大渔民和群众中广泛传唱。起初，人们在劳动时顺口哼唱一些曲调，还没将其形成一种号子。随着生产力的不断发展，海上作业用的船只网具也在不断更新，有些大型生产用具无法由一个人使用，像大铁锚、帆篷、网具、桅杆等都需要多人搬运。为了用力一致，其中一人领唱，多人搭腔，打起号子，久而久之就形成了特有的渔民号子。根据不同的作业形式，渔民号子可以分为多种类型，如搬运大型渔网、铁锚等唱的“起重号子”，把铁锚从海里起上来的“盘车号子”，牵扯帆篷的“扯篷号子”，船进出港测水深时的“测水号子”，吊货时的“吊货号子”，挑担时的“挑担号子”，等等（具体见附录）。弶港渔民号子内容丰富，声情并茂，曲调高昂、悠远、悲怆，原汁原味，富有生活气息，真实地呈现了苏北沿海渔民的劳动过程，恰如其分地展现出渔民劳动时的精神面貌，具有鲜明的地域文化特色。

近年来，弶港渔民号子以各种表演形式走上了舞台。但随着社会的发展变化，曾经孕育渔民号子的劳动、生活、文化环境发生了很大的变化，渔民号子也面临着消失的危险。

◈ 弶港渔民号子表演场景

瑶台音乐

瑶台音乐是数百年来流行于溱湖水乡方圆数百里的一种民间音乐演奏形式，以瑶台（用木头、竹子等搭成，以高级彩色颜料及金银色纸张等装饰，具有观赏价值的音乐台）为观赏主体。乐师们在瑶台内围坐，吹打拉弹，奏出多种古典曲牌，表达人们轻松、愉悦、紧张等情绪。

旧时庙会较多，庙会上以及庄户人家办婚丧嫁娶等礼节仪式时总要配以瑶台音乐。有时也将瑶台搭在大船上，在河中边走边奏，引来两岸众多观者。

溱湖一带常用的乐器有笛、箫、笙、管号、唢呐等管乐器，三弦、琵琶、月琴、古琴等弹拨乐器，二胡、四胡、京胡、低音大胡、板胡等拉弦乐器，全套锣鼓、闯铃等敲击乐器。早年间奏者服饰为长衫、马褂，后来则比较随意。瑶台音乐演奏谈不上有什么专门技巧，过去多“以熟为妙”，先由师父教一曲字数较少的曲谱，奏熟后随师父翻花头（旋律），叫作“熟则生巧”“巧则泛花”（花样）。据老师傅说，上百年前溱湖周边瑶台音乐盛行，“文革”后一段时期短暂消失，近年又恢复演奏。

瑶台音乐的代表作品有《大开门》《泣颜回》《大叶金》《点将》《猴技头》《小叶金》《水龙吟》《进花园》《东流水》《园林好》《妆台春色》《落地霜》《风摆柳》《寸草心》《探亲》《香柳浪》《春回人间》《画眉叙》《石榴花》《黄龙滚》《江儿水》等。

瑶台音乐模拟场景

水乡号子

时堰镇位于东台市西南部，泰州、南通、盐城三市的交汇处，安时河东流入海，泰东河贯穿全境。时堰是里下河地区古镇之一，是国家级卫生镇、江苏省生态镇、江苏省文明镇、江苏省历史文化名镇。这里气候宜人、景色优美，区域内河网密布、交通发达、物产丰富、文化底蕴深厚，是著名的鱼米之乡。

早在4200年前的新石器时代，先民就在今时堰地区生产、生活。由于劳动生产的需要，古代劳动人民用“打号子”的方法提气省力，逐渐形成了独特的劳动号子。

水乡号子以舒缓平实的音乐旋律、明快有力的音乐节奏、快慢自由的演唱速度、分合有序的歌唱形式，形成了高低协调、咏叹自如的特色。水乡号子常常采用一人领唱、众人相和的表演形式。演唱者行腔稳健，咬字有力，吐音清晰。

不同的劳动场合有不同的劳动号子：从表现劳动的形式上可分为踏车号子、插秧号子、碾场号子、牛号子等；从曲式结构上可分为长号子、短号子。其中比较有影响力的是踏车号子和插秧号子（见附录）。

人们在劳动期间哼唱号子，能减少疲劳，增强劳动干劲。水乡号子千百年来代代相传，经久不衰，为研究里下河地区农耕文化提供了鲜明的例证。

时堰水乡号子曲调优美，行腔稳健，为音乐创作提供了丰富的具有地域特色的元素。时堰水乡号子在陶庄村历史悠久，传播较广，群众基础好，与江苏省级非遗项目茅山号子有异曲同工之妙。目前陶庄村仍有数十人会唱各种号子。2020年，陶庄村入选首批江苏省传统村落名单。

插秧号子表演场景

传统美术

东台发绣

唐代海陵西溪镇（今东台市东台镇）为全国最大盐场之一，盐业发达，佛教兴盛。民间少女常以发丝绣鸳鸯等信物赠送情人。信女为表示对佛的虔诚，也常以青丝在丝绢上绣观音、如来等佛像。北宋徽宗年间设绣画专科（赵构之妃刘安所绣的发绣《东方朔像》现藏于英国伦敦博物馆）。元代绣品承继宋代遗风，但不如宋绣精工。明代的发绣在色彩、内容和品种上有了一定的发展。清光绪年间，盐署幕僚宣瘦梅在《夜雨秋灯录》一书中曾对东台城北郊晾网寺的发绣《如来佛像》做过翔实的描述。清末，发绣工艺逐渐衰落。20 世纪 70 年代初，周恩来总理指示，要保护民族民间文化传统。东台县工艺品总厂邀请苏州发绣艺人高伯瑜、陆素珍、朱世英等指导东台刺绣艺人，在他们的帮助下，东台的第一幅发绣《秋风纨扇图》绣制成功，使发绣这一古老民间绝艺得以复苏，重现生机，显现出地域文化特点和价值。20 世纪 80 年代初，被下放到苏北地区的艺人们接连返回苏南。东台县工艺品总厂遂邀请苏州刺绣厂退休艺人陆杏金传授单面绣和双面绣技法，并将其成功移植到发绣刺绣中。技艺日臻成熟的发绣技艺人员研制了双面异色绣《玉兔》，该作品于 1987 年荣获中国工艺美术品百花奖“希望杯”优秀新产品一等奖。

发绣又称“墨绣”，其工艺流程主要有以下三个特征：

第一，制作工序复杂。通常，每幅作品由多方面的艺人合作完成。主要工序有画稿、选料、上绷、勾绷、绣制、落绷、装裱、包装。

第二，制作原料特殊。发绣以人的头发为原料。与丝线相比，头发较硬，色彩较少。发绣特别适宜表现动物的毛绒效果，形象逼真。因发质较硬，制作时应避免长针。绣制时，应缩短针距，使头发贴服于面料；

加密线距，以增强质感效果。画面构成则以表现单色线描和典雅古朴的画面为宜，避免过于繁杂的画面。

第三，利于长期保存。与丝绣相比，发绣耐腐耐蚀，永不褪色，保存时间长。一幅发绣作品可以保存数百年乃至千年不朽。

发绣的制作工具有绣针、剪刀、绷架、绷凳、绷绳、绷布等。其中，绣针固定为12#针；剪刀为绣花剪；绷架根据画面尺寸大小而定；绷凳一般高 0. 8 米，宽 0. 6 米。绷架和绷凳均为杉木材质。

发绣艺人主要分布在江苏省东台市，大部分集中在东台市区，少数分散在东台市城东新区、五烈镇、梁垛镇。东台发绣鼎盛时期从业人员达 8000 余人。2007 年 1 月，东台市被中国民间文艺家协会命名为“中国东台发绣艺术之乡”。2007—2018 年，文化部先后三度命名东台市为“中国民间文化艺术之乡”。2021 年 11 月，文化和旅游部命名东台市东台镇为“中国民间文化艺术之乡”。

除东台市外，江苏省苏州市还有零星发绣艺人，主要是被苏州的绣庄聘请从事发绣刺绣的东台绣娘。20 世纪 90 年代，浙江省温州大学魏敬先教授到东台工艺美术厂参观后，也开始从事发绣肖像研究与制作。

发绣工艺品与其他刺绣工艺品相比，用料奇特，具有不腐、不蛀、不褪色之特点和古朴典雅、苍润秀丽之风格。东台发绣以本地沿海地区少女的长度在 30 厘米以上的优质头发为生产原料。这是由于东台拥有 85 公里长的海岸线，独特的沿海气候使当地少女的头发具有光亮、柔软、耐折、伸张力强等特点，可以满足东台发绣特殊的工艺要求。

发绣是一门综合艺术，涉及书、画、印、绣、刻等诸多领域，具有鲜明的地域文化特色和独特的艺术价值。

随着表现题材和艺术手法的不断丰富和创新，东台发绣由原来的“墨绣”发展到“润色绣”“双面绣”“双面异色绣”，以及发绣长卷、胎毛绣、微发绣等。为了丰富发绣作品的表现力，发绣技师和绣女们在继承传统针法的基础上，拓展了滚、旋、缠、套、施、乱、虚、实等 30 多种针法，视不同作品灵活运用，使作品饶有笔意。

东台发绣作品内容丰富，精品迭出。发绣长卷《姑苏繁华图》画面高 39 厘米、长 1241 厘米，是目前全国最长、面积最大的发绣精品。该长卷中有各类人物 4600 余人，各式房屋建筑 2140 余栋，各种桥梁 40 余座，各种客货船号、竹筏 300 余只，各种商号招牌 300 余块，真是“细若蚊睫，侔于鬼工”，堪称中华传统文化艺术一绝。

发绣长卷《姑苏繁华图》（局部）

安丰麦秆画

安丰镇是中国历史文化名镇，历史悠久，文化底蕴深厚，境内有东淘古南街、鲍氏大楼、吴氏家祠等省市级文物保护单位，也涌现了王艮、吴嘉纪等历史文化名人。安丰地域广阔，有大片土地种植大小麦，为制作麦秆画提供了丰富的高质量原材料。

安丰麦秆画是利用麦秆的本色，经过设计画稿、分解图纸、选择材料、加工染色、贴分解图、熨烫压平、剪贴组装等步骤，利用烙、烫、装、裱等技法制成的一种传统工艺品。麦秆画是一门综合艺术，其特点是画面色彩鲜艳，立体感强，久藏不衰。

麦秆画的制作工具有中小型剪刀、弯头镊子、单面刀片、小刻刀、电熨斗、电烙铁、自制拉毛刀。其中：剪刀用于剪麦秆画分解图；弯头镊子主要用于制作小型材料；单面刀片用于刮平麦秆和切麦秆丝；小刻刀用于刻制、按压各种图画材料；电熨斗用于熨烫麦秆，贴制半成品；电烙铁用于烙烫山石、树木；拉毛刀用于制作鸟的羽毛、兽毛等。

安丰麦秆画充分利用麦秆的自然光泽表现人物、风景、花卉、动物等，栩栩如生，巧夺天工，堪称民间一绝。

刘用明是安丰麦秆画的传承人。她从小酷爱绘画，擅长以农村生活场景为素材表达对麦秆画艺术的钟爱与情愫。色泽鲜艳的麦秆，经过熏、漂、蒸、剖、刮、烫，以及绘、编、剪、刻等多道工序，被她粘贴成一件件精美的工艺品。刘用明的作品在传统麦秆画工艺的基础上有所创新，即采用双面工艺，使作品更具有观赏价值。

双面麦秆画制作时应注意：

（1）双面选料的麦秆色质要接近；

（2）分剪时先剪刻好一面，再将另一面内的纹理、线条、外边缘等剪刻得一致整齐；

（3）粘贴时分层拼贴；

（4）将制作好的画面夹在两层玻璃中间，以增强立体效果，便于永久收藏。

近年来，刘用明成立了“刘用明麦秆画工作室”，并利用节假日辅导中小学生进行系统的麦秆画制作。2013 年以来，她先后被盐城幼儿师范高等专科学校、江苏省东台中等专业学校、东台市安丰镇小学、东台市时堰中学聘为校外辅导员，传授民间麦秆画技艺。

◆ 麦秆画——安丰古镇一角

◆ 上　安丰麦秆画展示馆

◆ 下　安丰麦秆画传承人刘用明教小学生剪贴麦秆画

东台葫芦画

王世襄在《中国葫芦》一书中描述，“我国种植葫芦已有七千年历史”“葫芦制器，肇自远古”“自古即用作笙、竽等乐器”“葫芦有特殊之体质，美妙之色泽，故可制成观赏价值极高之艺术品及工艺品”“葫芦之美，美不胜收，不妨称之为葫芦艺术或葫芦文化”“陆放翁诗则曰：‘色似栗黄形似茧，恨渠不识小葫芦’”。

葫芦本身具有三围曲线美，葫芦画则是葫芦艺术史上的奇葩之一。葫芦画以农家庭院中的葫芦为载体，以生肖、脸谱、吉祥文字、吉祥图案等为内容，为纯手工绘制。其作品具有浓厚的乡土气息和鲜明的民族文化特色，色彩艳丽，防水防晒，保存时间长。

葫芦画的制作工具主要有毛笔（一号狼毫）、丙烯颜料、调色盘、电钻、中国结、珠线等。

东台葫芦画的代表性传承人王东元，字瘦髯，号戏百，又号绿风。他自幼爱好刻刻画画，后拜著名金石家、书画家来楚生先生的弟子龚时春先生为师，现为中国民间文艺家协会会员、中国工艺美术学会民间专业委员会会员、高级工艺美术师、南京大学民俗艺术研究室艺术家、东台市民间文艺家协会副主席。王东元先生先后创作大型葫芦挂件、组合脸谱葫芦、生肖脸谱葫芦、车挂等二十余种作品，多次获国家级、省级金银铜奖等。其作品先后入选第六届中国艺术节、首届中国民俗吉祥艺术节、第二届中国家庭文化艺术节、第十四届澳门艺术节、第一届和第二届海峡两岸民间艺术嘉年华、2015 年赫尔辛基艺术节等。2005 年，在“我为奥运添财富”主题教育活动中，一组奥运脸谱葫芦被首都博物馆永久收藏。此外，中央电视台、江苏卫视等数十家媒体都对东台葫芦画做过报道。

王东元先生还著有《瘦髯葫芦》一书。北京大学著名教授、民俗专家段宝林先生看过该书和其作品后，赞誉葫芦画为“葫芦艺术一绝”。

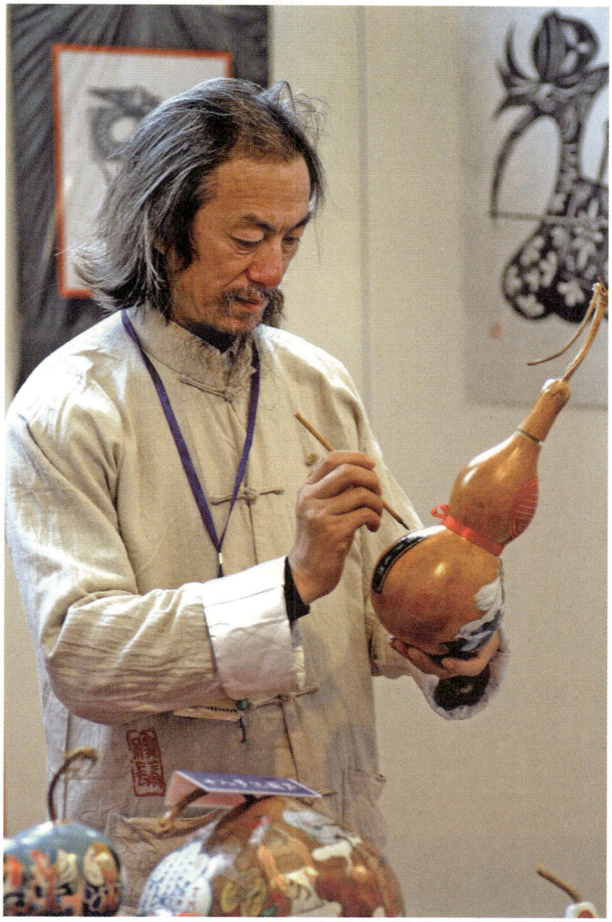

东台葫芦画传承人王东元

◆ 上　东台葫芦画（一）
◆ 下　东台葫芦画（二）

东台烙画

烙画，又称火笔画，即用火烧热烙铁在物体上熨出烙痕来作画。烙画的创作应把握火候、力度，同时注重“意在笔先、落笔成形”。烙画运用中国画的勾、勒、点、染、擦、白描等手法，烫出丰富的层次与色调，具有较强的立体感，酷似棕色素描和石版画。因此，烙画既能保持中国传统绘画的民族风格，又能达到西洋画严谨的写实效果。其独特的艺术魅力，给人以古朴典雅、回味无穷的艺术享受。

烙画相传起源于秦朝，但并无可考证据和史料。据民间传说记载，烙画始见于西汉末年，距今已有两千多年的历史。

传说河南南阳城里有一姓李名文的烙画工匠，是远近闻名的烙画高手。无论是尺子、筷子，还是手杖、扇坠，经他一烙烫，各式各样的人物、花鸟、山水、走兽就宛然在目，精美绝伦，栩栩如生。人称李文为“烙画王”。他为人忠厚，心地善良，在城内开了个店铺，方圆百里人人皆知。传说当年“王莽撵刘秀”（南阳民间传说）时，李文曾救过刘秀并送其一只烙画葫芦作为盘缠，刘秀不胜感激，此后历经千辛万苦，也不曾将那只烙画葫芦卖掉。公元 25 年刘秀称帝后，仍不忘“烙画王”的救命之恩，查访到他后即宣其进京，赐银千两，加封“烙画王”，并把南阳烙画列为贡品，供宫廷御用。从此，南阳烙画便名扬四海，“烙画王”的故事也流传至今。

早期的烙画作品，大多数采用中国画的工笔和写意手法。历代艺人经过不断探索和实践，在吸收西洋画表现手法的基础上大胆尝试，制作烙画时的姿势，以及制作工具、材料、技法和烙画内容等都有所发展。

目前，烙画技艺遍布世界各地。在我国北方，有以中国烙画艺术研究中心前主任艾秀琪为代表的传统木纹烙画，他利用木纹天然肌理进行创作，风格独特；有以河北省廊坊市的郝友友为代表的现代派写实烙画，他曾在国家美术馆举办个人烙画作品展；还有以江苏省徐州市的田玉为代表的动物烙画。在我国南方，有以四川省自贡市的贺吉发为代表的画圈烙画，行内称贺派烙画；有河南省南阳市的丝绢烙画作为南阳“三宝”之一出口海外；有江苏省常州市的汪鹤鸣家传经营扇骨和梳篦，他长期从事烙画技艺传授；江苏省东台市从事烙画工艺的手艺人非常稀少，目前代表性传承人是蔡勤荣。

蔡勤荣的代表作有设色烙画作品《象》、套色烙画作品《滩涂晨曲》，此外还有《醒狮》《沙漠骆驼》《旺》《中华瑰宝》等。

早年间烙画艺人以铁针为工具，在香里插入铁针进行烙绘，主要烙制葫芦作为装饰。后来，制作工艺和工具不断改进，由“香针烙”改为“电烙”乃至“激光烙”，由单一的烙针或烙铁改为多种型号的专用烙画笔。烙画材料涵盖葫芦、木板、三合板、纸画、版画、根雕、竹筒、竹板、芦苇、麦秆、树皮、玉米皮、椰壳、皮革、服装、家具等，进一步丰富了烙画的艺术形式，使烙画工艺成为平民艺术。先进的烙画笔可以随意调温，并配有多种特制笔头，从而使烙画这一古老的创作方式具备了前所未有的表现能力。

东台烙画制作步骤如下：

（1）找好载体：载体可以是木板、宣纸、皮革、丝绢、竹等，只要表面能被炭化的材料都可以作为烙画的载体。

（2）选图或创作：传统的工笔画、写意水墨风格及油画风格都可以作为烙画的制作题材。

（3）打磨载体：将载体表面用砂纸打磨平整，如果是木板，也可充分利用木板天然纹理进行创作。

（4）起稿：先用铅笔画出底稿。

（5）烙制：把烙铁调到合适的温度（一般为低温），先烫出图案轮廓，然后根据画面的风格，坚持由浅到深的原则，低温多烙，逐步加深，同时要留出高光部分，做到“意在笔先，落笔成形”。

（6）清理：烙制完成后，用橡皮擦干净起稿时画的铅笔印迹，用砂纸轻轻打磨，去除浮在表面的炭化物。

（7）落款：可以根据作品的风格落款，也可以不落款。如果作品是国画风格，可以根据传统的国画模式落款；如果作品是油画风格，则可以在作品上写上作者的名字（或字母），以及作品完成日期。落款时应注意画面的整体布局。

（8）着色：根据作品的风格特征和收藏者的需求，可以在画面上着色，通常使用国画颜料和丙烯颜料。当然，最好是保持烙画的独特风格，不着色。

（9）固色：作品完成后，一般会在画面表面做固色处理，通常使用无色清漆或蜡。也可以不做任何处理，以保证作品的原真性，或便于后期修改。如果是文玩葫芦就不需要处理，否则就会失去文玩的意义。

（10）装裱：根据作品风格装裱入框。例如，以丝绢和宣纸为载体的作品可以装裱成挂轴。

注意：烙画切勿放置在阳光下曝晒。

◆ 蔡勤荣作品《滩涂晨曲》

◆ 上　蔡勤荣作品《醒狮》

◆ 下　杨志龙作品《事事如意》

溱湖刻纸

溱湖刻纸是流传于东台市溱东镇周边地区，距今已有600余年历史的一种民间美术工艺雕刻。其色彩艳丽、堂皇，多采用多色逗景、略加彩绘、深色托工制作而成。其传统工艺有26道正纹，72道斜纹，变化多样，美观大方。溱湖刻纸是一种既古老又能反映现代生活的民间工艺瑰宝。

传说南宋末年，抗金名将岳飞被奸贼秦桧害死在风波亭，朝野上下十分痛恨秦桧。许多忠贞人士也因屡遭迫害，结伴逃到苏北沿海的溱湖水乡（现东台市溱东镇一带）隐居。他们为了追念爱国英雄，宣扬岳飞的爱国精神，每逢岳飞遇害日（除夕夜），就模拟风波亭，制扎“拜香亭”祭拜岳飞。亭内不但陈设岳飞的灵牌，还贴满了各种刻纸花纹，有宣扬抗金救国的，有痛骂奸贼的，有祈祷天下早日太平、百姓安居乐业的，也有祈愿消灾降福、国泰民安、五谷丰登、八节康宁的。他们在村庄里各处吟唱。整个活动从除夕的日落“出香”持续到大年初一凌晨。最后，他们把制扎的“拜香亭”点火焚化，以免留下“罪证”。

此后，“拜香”这一习俗，经元、明、清、民国近600年时间，连年不断，流传不息，已成为深受群众喜爱的传统文化活动。在数百年的流传中，溱湖刻纸艺术经历代民间艺人的不断传承和发展，逐渐成为溱湖水乡的民间绝艺。多种色纸套刻、拼贴描绘等技法的运用，使溱湖刻纸形成了内容丰富、画面生动、色彩艳丽的独特风格。可惜的是，这种刻纸作品在“拜香亭”焚化时都一并被烧毁，没有留作艺术品。“文革”期间，祭祀活动也被禁止了。因此，很少有人再刻制这些艺术品了。

近年来，“溱湖刻纸”这一民间美术工艺又重新焕发光彩，曾被中央电视台摄制成专题片播放，在苏北地区产生了一定的影响。“溱湖刻纸”作品也多次在省、市工艺美术博览会上展出，屡次在省、市举办的活动中获奖。其代表性传承人宋月秋曾获盐城市“十大民间工艺师”荣誉称号。

溱湖刻纸以高级彩色纸张及金银纸为基本材料，以刻刀、刻盘、裱装工具及陈列镜框等为基本工具。

溱湖刻纸的代表性作品有《福娃》《龙儿》《珍奇瑞兽》《喜迎奥运》《水乡》《京剧脸谱》《神女》《五谷丰登》《妙趣图》等200多幅。

溱湖刻纸——戏剧人物

◆ 上 《龙儿》

◆ 下 《五谷丰登》

时堰木雕

时堰木雕起源于明代，兴盛于清初。其形式多样，内容丰富，技法娴熟，表现手法、题材、色彩等具有明显的地域特色。时堰历史上交通便利，商贾云集，全镇依古运盐河（泰东河）而建。因此，时堰木雕融合了我国南北木雕的特点。

“长堤远眺”“同井春耕”“芦洲飞雪”“蒲岭连山”“虹桥锁浪”“堰口归帆”“西林柳色”“南蒲荷香”“一湾新月”“两水明镜”，在清人《时村记》中，这时堰十景处处离不开水。水韵时堰张扬着轻柔与妩媚，浸润着时堰人的身心，时堰人便有了灵巧的心思、灵活的双手。于是，时堰“巧木匠”层出不穷。“巧木匠”以流畅的刀法，把对美好生活的追求，化成山水、花卉、传奇故事，精雕于祠堂庙宇、厅堂楼阁、花床桌几之上。数百年来，时堰木雕随着“巧木匠”的足迹传播到四面八方。从《时村记》中对古迹冯园中游人画舫、亭台楼榭的描述，可见彼时时堰木雕品种多样、题材广泛、工艺精湛。

时堰木雕以单面镂空雕刻为主，品种繁多。这与时堰历史上交通发达、商贾云集有关。从遗存至今的部分祠堂庙宇、厅堂楼阁、民居和家具杂物上的雕刻作品及现在时堰百姓崇尚木雕作品的程度来看，时堰民间木雕有着广泛的群众性。时堰木雕作品题材广泛，包含人物、山水、花卉、动物等。人物题材以宗教为主，也有少量取材于历史故事、名人轶事、戏曲等；花卉题材使用木雕数量最多，除牡丹、梅花、月季外，佛手、桃、石榴、枣也很常见；动物题材则有龙、凤、鹿、蝙蝠、鸳鸯、蝴蝶等。时堰木雕作品构思精巧、选材讲究，并非只为美化器物，而是借助各种题材表达对美好事物的愿景，以及中国传统文化中的吉祥寓意。

例如：希望人们生活幸福、健康长寿，则雕刻“福寿双全”“牡丹富贵”“金玉满堂”；表达夫妻恩爱、情投意合，则雕刻“鸳鸯戏荷”“彩蝶双飞”“龙凤呈祥”；祈求生活富足、喜事临门，则雕刻“年年有余”“三阳开泰”“喜鹊登梅”等。

时堰木雕工艺精湛，能工巧匠技艺娴熟，在构图及人物、动物的刻画上独具匠心。其作品有的精雕细刻，有的则刻绘简单，只有寥寥数刀，之所以呈现如此大的反差，是因为作品与主人的身份和经济状况密切相关。木匠受雇于富户时，若主人要求高，作品的作业周期就较长，匠人能够充分施展其精湛的雕刻技艺。平民百姓无能力长期雇工，只能因陋就简。但从美学角度讲，这两种作品没有高低之分，反而更能反映出时堰木雕匠人们的不同表现技法，以及不同的作品风格。

时堰木雕传承人主要由明初“洪武赶散”时苏州一带的工匠迁居而来。伴随着社会的稳定和经济的繁荣，时堰成为一个较大的集镇，民居、祠堂、寺庙多了起来，塘坝庄一时成了时堰地区富人居住的“老爷庄”，木雕十分兴盛。至清末，时堰有名的木匠行就有 30 家之多，从业人员达 500 多人。对绘画有着特别天赋的巧匠们，成了专事雕刻的“巧木匠”。清末民初至中华人民共和国成立之前，时堰木雕也因社会的动荡、经济的衰退而衰落，曾经世代相传的木雕工艺几乎失传，不少“巧木匠”为了生存放弃了木雕这一曾为太平盛世添光的行业。

中华人民共和国成立之后，时堰的工匠们加入手工业合作社，专门从事木器制作和雕刻，木雕这一传统的工艺得以保护和传承。目前，从事时堰木雕的工匠有两个分支：一支以高大中为代表，其作品以制作古典文学名著所描绘的情景和意境为主，代表作有《红楼梦》中的大观园微型景观等；另一支以朱付寿为代表，其作品以装饰民居、家具为主，代表作有《中华腾飞》《花开富贵　年年有余》等。

◆ 上　高大中制作的大观园微型景观

◆ 下　朱付寿木雕作品《花开富贵　年年有余》

东台灯彩

花灯制作技艺是流传在东台市区及周边乡镇纯手工制作花灯的技艺，已经有近百年历史。

东台群众从苏中地区的传统习俗、审美习惯和对未来的憧憬出发，借由花灯的外形尽情地表达情感。花灯制作技艺既源于生活又高于生活，在结构造型等方面善于借鉴文学艺术中的夸张变形、对比呼应、抽象写意、象征借喻等表现技巧，突出形式与趣味的探求、传统与现代的融合，讲究丰满浑厚、简约夸张等艺术布局。花灯传承人在长期的创作实践中，坚持以形传神，以美陶冶人，不断提升花灯的艺术水准。表现形式也由单一的传统手工技艺发展为集手绘、剪纸、镂空、光雕、立体造型、卡通造型等技艺于一体的艺术形式；表现手法融入了形、色、声、光、电、动等现代艺术，材质也拓展到绸、绢、纱、环保 PVC、LED、亚克力等。

花灯的应用广泛，可以悬挂于古建筑或现代建筑上，可以提灯照明，也可以装饰庭院，亦可美化店堂会所。花灯具有一定的艺术性，造型逼真，色彩和谐，很受人们的欢迎。白天可观赏其独特的造型，夜晚可欣赏其色彩斑斓的灯光。

在流传过程中，花灯也被赋予了丰富的文化内涵。例如荷花灯，荷花自古以来就被人们称为“花中君子”，由于“荷”与“和”“合”谐音，“莲”与“联”“连”谐音，因此中华传统文化中，经常以荷花象征和平事业、和谐世界。

赵伯生是花灯制作技艺第五代传承人。为了将花灯制作技艺发扬光大，他先后去自贡、南京等地寻师访友，参观学习，博采众长，并逐步形成了自己独特的风格。无论是题材、用材还是意蕴，赵伯生制作的花灯无不带有里下河水乡风情，以骨架简练、造型生动逼真而著称。花灯制作或繁或简，大者数米，小则盈寸。一根根铁丝，一块块绸布，经过赵伯生弯弯折折便形成一个个妙不可言的花灯。对于他来说，花灯不仅仅是用来玩赏的，更是他的精神寄托。赵伯生用一生的追求让花灯制作技艺得到更好的传承和发展。

现在，安丰古街有三个花灯店铺，每天都有很多南来北往的游客流连于此。赵伯生所制作的手工花灯技艺精良、造型独特，常常供不应求。

东台灯彩《龙》

上　小鸟花灯

下　莲花灯

里下河糖塑

糖塑，俗称“吹糖人”。民间艺人以麦芽糖为原料，将糖加热，使其变软，调入各种色素，再借助剪刀、小梳、小篾刀等工具，以及竹片、弹簧、石膏粉等辅助材料，经过吹、拉、搓、扯、捏、压、剪、揉、按、拨、挑、画等技艺，最终将糖做成各种人物、动物、花卉、器皿等造型。

传说民间糖塑起源于苏北里下河地区，至今已有600多年的历史。元代末年，刘伯温受朱元璋之命镇守兴化城。因战事吃紧，城中兵卒被抽调支援其他城。占据苏北的农民起义军首领张士诚得知此情，即带兵前来攻打。刘伯温见城中盛产糖稀，心生一计，令城中士卒和百姓用稻草扎成人形，撒糖稀于草人上，并用糖稀做成甲胄披挂在草人身上。远远一看，装饰好的草人与真人无异。张士诚前来攻城时，远远望去，只见兴化城楼上，一队队士兵在阳光的照射下甲胄鲜明、高大威武，城中战鼓齐鸣，他以为城中防备充分，乃带兵离去。刘伯温成功使用了空城计，诈退敌兵，为兴化城解了围。此后，吹糖人这种技艺便在民间流传下来，糖塑艺人还敬刘伯温为祖师爷。

过去糖塑作品既是工艺品又是食品，但做成人形的糖塑大多是禁止食用的。因此，在创作题材上，糖塑大多以花鸟鱼虫、飞禽走兽为主，清澈透明，形象逼真，色彩鲜明，具有强烈的民族特色和深厚的文化底蕴。比如：做“马”时，在上面放一卷钱，寓意“马上有钱”；“马”上骑个“猴”，寓意“马上封侯”。里下河糖塑在表现技法上有独特的风格，以塑为主、吹次之，多种技法综合运用，有别于其他地方的糖塑技艺。

很久以前，糖塑分为两派：一派专做大型祭祀用的糖塑，行话叫大回空，现已失传；另一派做玩偶形式的糖塑，行话叫小回空，其作品一般是十二生肖、大刀兵器等。这两种技法统称回空。

目前的糖塑传承人张丛惠，30 年前师承陈玉国，后一直从事糖塑技艺相关工作。他年轻时挑担做糖塑，后来购入一辆摩托车做糖塑，现在则是开着汽车专门在全国各地展示里下河糖塑技艺。

◆ 上左　奔马
◆ 上右　美猴王
◆ 下左　大公鸡
◆ 下右　钓鱼翁

传统舞蹈

东台打莲厢

打莲厢是里下河地区广为流传的一种民间舞蹈，常由一人或多人手执莲厢随着音乐舞动。它集健身、娱乐于一体，富有浓郁的乡土文化气息，是一种极具群众性的传统舞蹈艺术形式。

打莲厢又称打花棍、霸王鞭，是一种汉族民俗舞蹈。莲厢由长约一米的细竹竿制成。将竹竿按节等分距离，雕空，用铁丝套穿孔，嵌入铜钱。可将竹竿漆成彩色，亦可粘贴红、绿等多色彩条，形成旋转式花纹。连续挥动竹竿可发出清脆的金属撞击声，按音乐节拍舞动竹竿则可发出有节奏的音响。打莲厢表演不限人数，通常由一人手拍竹板领唱，唱词多来自民间唱本，也可现场编唱；其他人手摇莲厢和之。表演者一人拿两根莲厢，边唱边在肩、膝、膀部敲击，也可两竿互击，或者表演者之间互相敲打。表演时，表演者或站立或行走，变化极为丰富。男女青年各持莲厢做各种舞蹈动作，从头打到脚，从前打到后，边打边唱，亦可男女双人对打，形成连续的舞、打、跳、跃等动作。行进中，可有前进、停留、下蹲等多种步法。表演人数较多时，可组成“十”字、“井”字等队形，男女交错对击，一起一落，节奏明快，动作简单。表演中处处充盈着飞舞之美，呈现出轻松活泼的风格，因此打莲厢被称为“汉族民间舞的瑰宝”。

起初，打莲厢主要在当地民间的一种祭祀活动中表演，寓意驱邪、撵鬼，祈求五谷丰登、岁岁平安。后来，打莲厢作为一种百姓喜爱的娱乐活动，经常在节庆时表演。现在，打莲厢已经成为里下河地区家喻户晓，具有广泛影响的文化、体育活动。

打莲厢的动作轻快、明朗，节奏感强，主要有交齐、转棒、敲肩、打地、对打转身等基本动作。敲击肩、腰、背、臂、肘、两手、两膝、两足等部位和穴道，可以起到舒筋活血的功效；同时，敲击时振动铜钱作响，再配上音乐、唱词，形成了丰富的节奏变化，既锻炼了身体，又愉悦了身心。打莲厢者中女性居多，初时服饰随便，后逐步发展到服饰统一，如穿大花对襟衣、围小围兜、戴头饰，乡土气息浓郁。

东台溱东莲厢队多次代表东台市到盐城市参加展演，并屡获表演金奖。江苏电视台国际频道也曾做过打莲厢的专题展播。

打莲厢道具

◆ 上　正月初二打莲厢表演

◆ 下　打莲厢广场表演场景

富安狮舞

狮舞是表演者装扮成狮子的样子，在锣鼓和音乐伴奏下做出狮子的各种形态和动作的传统舞蹈。中国民间认为狮舞可以驱邪避鬼，因此每逢喜庆节日，例如开张庆典、迎春赛会等，都会敲锣打鼓，舞狮助庆。

关于狮舞的起源，众说不一。有人说是以前山中的狮子吃掉了村庄内的村民，后来村民学会武功，打死狮子，并在闲暇时模仿狮子的形态，称为狮舞；也有神话版本说是如来佛祖把狮子从山中引走的，因此南狮中常由“大头佛”引领狮子；还有人说是村民以纸扎狮子敲锣打鼓驱走年兽，后逐渐演化成狮舞。

中国原本没有狮子。在中华文化中，狮子曾经像龙、麒麟一样，只是神话中的动物。到了汉朝，首次有少量真狮子从西域传入，当时人们模仿其外貌和动作嬉戏，至三国时发展成狮舞。南北朝时，狮舞随佛教兴起而开始盛行。到了唐朝，狮舞成为大型宫廷舞蹈表演的一种，当时的“太平乐”亦称为“五方狮子舞”。白居易在《西凉伎》一诗中对狮舞进行了生动的描绘：“西凉伎，假面胡人假狮子。刻木为头丝作尾，金镀眼睛银帖齿。奋迅毛衣摆双耳，如从流沙来万里。”

随着时间的迁移，狮舞变得丰富多样。在宋代的百戏中，有孩儿扮狮戏球舞，还有狮豹合舞。清代的狮舞更具特色，如《北京走会图》中的狮舞，表现为一头大狮子带着三头小狮子，狮子形象威猛，旁边有两个狮子郎在逗引狮子，别有情趣。在中国民间，上元节狮舞是最受人们喜爱的盛事之一。每到农历正月十五前后，许多城镇和乡村都要表演狮舞。现在中国流行的狮舞，有文狮和武狮之分。文狮动作细腻诙谐，主要有争球、戏球、舔毛、搔痒、打滚、洗耳、打瞌睡等动作，表现狮子的温柔和驯顺；武狮则注重技巧和武功的运用，主要动作有腾、闪、跃、扑、登高、走梅花桩等，难度较高，表现狮子的威武。

舞狮分为北狮和南狮。北狮的造型酷似真狮，狮头较为简单，狮身披金黄、橙、红色毛。狮舞者的衣服、裤子、鞋上都会覆以毛，因而还未舞动看起来就已经是惟妙惟肖的狮子了。一般来说，二人舞一头狮子，若是小北狮则只需一人。北狮主要表现灵活的动作，如扑、跌、翻、滚、跳跃、挠痒等，有时还会利用台凳、踩球、跷跷板等道具。北狮一般是雌雄成对出现，狮头上有红结者为雄狮，有绿结者为雌狮。由装扮成武士的主人带领，手拿绑有彩带的狮球。有时一对大北狮会配一对小北狮，小狮戏弄大狮，大狮弄儿为乐，尽显天伦之乐。北狮表演较接近杂耍，配乐方面以京钹、京锣、京鼓为主。南狮又称醒狮，造型较为威猛，舞动时注重马步。南狮主要是靠狮舞者的动作表现出威猛的狮子形态，一般由二人舞一头狮子。狮头以戏曲面谱作鉴，色彩艳丽，制作考究；眼帘、嘴都可动。严格来说，南狮的狮头不太像狮子头，有人甚至认为南狮较接近年兽。南狮的狮头上还有一只角，早年甚至用铁制作，以应付狮舞时经常出现的武斗。

一个狮舞队至少由 6 人组成，其中 2 人为狮舞者，其余人组成锣鼓敲打伴奏队，如超过 1 头狮子还需 1 名持球者作指挥。狮舞的技术要求很高，尤其是对 2 名狮舞者。他们一人掌握狮头，另一人摆弄狮尾，既要各司其职，又要默契配合；既要有强健的身体，又要有过硬的表演技术。

狮舞的表演形式有两种：一是舞台表演，二是广场表演。舞台表演多为专业杂技团表演，侧重于狮子盘球；而广场表演则为民间群体表演，狮舞者随着节奏紧密的锣鼓声在多层方桌上翻滚盘立，或“盘穿连环”，或“金鸡倒立”，或“倒含珍珠”，或“犀牛瞟天”，表演精彩纷呈，活灵活现，栩栩如生。

富安在新中国成立前的每年元宵节，都有举办灯会的民间习俗。行业商会统一管理，每年分配给各行业不同的表演任务，各行业负责从制作道具到编排节目再到最终表演的所有工作。狮舞就是其中一项很重要的表演活动，一般由浴室行业或园艺队承担，这也是富安狮舞传承的渊源。

富安是南北方的交汇点，因此富安狮舞既有南狮的威猛，又有北狮的灵活。近年来，广场表演有以南狮形态与广场舞融合的趋势。

富安狮舞表演（一）

◆ 富安狮舞表演（二）

里下河龙舞

龙，中国古代传说中的灵异神物，万兽之首，中华民族精神的象征。龙舞起源于中国的传统祭祀舞蹈，是古时节日庆典节目之一。东台市五烈镇大同舞龙继承民间舞龙传统，流传于江淮一带。

五烈镇位于东台市西北部，是东台市的重点产粮区。车路河、梓辛河、泰东河贯穿东西，串场河穿境而过。为祈求上天保佑风调雨顺、五谷丰登，每逢重大祭祀、庙会或旱涝灾年，这里都要举行龙舞活动。后来，龙舞活动延伸到春节、元宵节、二月二、中秋节等重大节日活动中，就连殷实人家建房上梁、店铺开张等，都要请舞龙队登门庆贺。

大同舞龙始于清光绪八年（1882 年），至今已有 140 余年的历史。20 世纪 90 年代初，不少男子外出打工经商，每逢重大节日，舞龙队伍就因人员问题屡受影响。为解决这一矛盾，自 1997 年开始，大同女子舞龙队成立，并成为一支有特色、较稳定的女子舞龙队。

大同舞龙属中华龙舞布龙系列。用竹篾、木、布等材料扎制成的龙，分为龙头、龙身、龙尾三部分。龙头以竹篾扎成，用彩色布裱糊；龙身骨架共分九节、十一节、十三节三种，以十一节居多，每节都有竹柄，用布做龙身外壳，布上画有鳞片，罩在骨架外面，形成长龙。另扎有带柄彩色圆球，内有响铃。舞龙时，一人执龙球，在前引路，前后左右上下翻动，龙头跟着球转，龙身各节紧紧跟随。大同男女舞龙队有二十多种传统招式和阵法，后来经过二十多年的挖掘研究，改进了百年来舞龙的老招式，在原来的基础上大幅度创新、提高，形成了具有五烈特色的“翻、滚、腾、转、游、盘、旋、穿”等舞龙动作及几十种舞龙套路。双龙表演更是配合默契，呼应自如，交叉繁杂，运行流畅，动势浑厚如风，静态屹立如松。其刚劲勇猛的气势，让观众赏心悦目。

龙舞按舞龙者性别分为男龙、女龙；按舞龙者人数分为七人龙、九人龙、十一人龙、十三人龙；按传承年代分为红胡须龙、白胡须龙等。

五烈镇大同舞龙现有男、女两个队，其中男队员 18 人，女队员 14 人，他们皆为五烈镇大同村农民。整个舞蹈表现的是龙腾青云、和谐盛世、普天同庆的喜庆场面，寓意生机盎然、蓬勃向上、勇于进取的精神和意志。龙舞表演形式众多，舞步有跳、趋、趁、跃，舞法有闪、折、穿、旋等。远远看去，龙头忽上忽下，忽左忽右，翻飞盘旋，伸屈自如，忽隐忽现，如腾云驾雾般飞舞扑腾。大同舞龙队队员常年坚持训练，经常参加东台周边地区庆典活动，曾代表东台市参加盐城市舞龙比赛并获奖。2017 年 2 月，五烈镇大同女子舞龙队参加江苏省文化馆和兴化市人民政府举办的苏北五市舞龙邀请赛，获得表演金奖。

◆ 里下河龙舞表演（一）

里下河龙舞表演（二）

传统技艺

巴斗黄泥螺制作技艺

黄泥螺是一种圆形贝壳生物，薄而脆，壳口大，表面光滑，体肥，略显黄色，腹足两侧边缘各反折贝壳的一部分，常生活在潮间带、低潮带的泥质沙底。

关于黄泥螺食用的历史文献有很多，如明代《食物本草》中就记载了黄泥螺的腌、藏、糟、浸等技艺。东台制作食用黄泥螺的历史悠久，民间以酒渍食，味道鲜美，清香脆嫩，咸中藏鲜，风味独特，可久藏，是佐餐的佳肴，有补肝肾、润肺、明目、开胃生津之功效。

东台拥有长 85 公里的海岸线，滩涂面积 156 万亩，辐射沙洲 100 多万亩，有独特的黄海资源和沙洲潮间带湿地，海滩在涨潮时被淹没，落潮时露出，黄泥螺资源丰富。巴斗村沿海滩涂的优质黄泥螺体大壳薄，腹足肥厚，经过体内吐沙，足红肉黄，成品优质，深受消费者喜爱。“添潮”牌黄泥螺连续多年获得盐城市名牌产品称号，是第一届消费者点赞的江苏优质商品。东台市天海土特产有限公司成为盐城市农业产业化重点龙头企业。

巴斗黄泥螺制作技艺已传承五代人，制作的黄泥螺品质好、味道鲜美，醉制的技艺科学、配方独特。

巴斗黄泥螺制作过程如下：

（1）选料。选择个体肥大、腹足肥厚、体内无沙、足红口黄、无破壳的泥螺为加工原料。每年仲夏前后，泥螺格外脆嫩肥满，是泥螺采捕的黄金季节。

（2）吐沙。将鲜活的泥螺放入海水池吐沙 8 小时，吐沙率达 95%以上，取出备用。

（3）盐渍。把选好的泥螺放入桶中，加入适量清水，再加入适量食盐搅拌均匀，直至产生泡沫，放置 2 小时左右。

（4）冲洗。将盐水浸泡过的泥螺捞起，摊放在筛网上，用清水冲洗干净，稍微沥干水分。

（5）腌制。把洗净的泥螺再次放入桶内，加入适量白酒、姜片等腌制。

（6）搅拌。将醉制好的泥螺每天搅拌一次，一个星期后，每星期搅拌一次，放置两星期左右，醉泥螺便制成了。

（7）制卤。将腌制泥螺的盐水倒入锅中，加适量茴香、桂皮、姜片、白糖，煮沸 10 分钟，经冷却、过滤、沉淀即为卤汁。向醉泥螺桶中加入卤汁，直至淹没泥螺，再加入相当于泥螺总重量 20% 的白酒、5% 的黄酒即可。

（8）分拣。将醉泥螺捞出，用清水二次清洗并稍沥干，放在不锈钢桌上分拣、分级。

（9）称重。将分拣好的醉泥螺称重装入罐中，加入卤汁，封盖、贴标签，用喷码机喷上生产日期，醉泥螺即可上市销售了。

◆ 上　巴斗黄泥螺

◆ 下　分拣泥螺

东台蚕丝被制作技艺

东台市富安镇地处江淮平原，地势东高西低，以范公堤为界，西部为里下河洼地边缘，东部为黄淮海冲积平原。沿海高速公路、204 国道、头富路、通榆运河和新长铁路南北穿境而过，富唐路、富许路、安富路和串场河、方塘河横贯东西。这里气候温和湿润，四季分明，为亚热带季风气候。富安镇是中国历史文化名镇、江苏省茧丝绸织造名镇、全国著名的茧丝绸生产基地。

唐宋以后，富安堤西地区已有农民开始栽桑养蚕。明清时期，蚕桑生产带动制丝、刺绣等手工作坊在富安发展，城乡妇女大多喜爱刺绣，并用各色丝线绣香包、鞋面、手帕、枕套、帐檐、门帘等。她们绣出的图样丰富多彩，有龙凤呈祥、狮子盘球、三龙撞珠、并蒂花开、鸳鸯戏水、喜鹊登梅等。富安交通便捷，丝绸商品流通兴旺，清代富安街程益泰布庄开始卖绸布、绸被面子等，并与苏南的盛泽、吴江有生意往来。

富安手工制作丝线最早出现在东台，《东台县志》（增编本）记载："清道光年间，富安人卢增寿生产最早，全家参加劳动，至清末增加了吴方荣、李发奎两家。"其生产方式基本上是全家人都参加劳动，春天东兑西借收茧子，用盐把茧子腌在缸里，慢慢用小锅子煮，脚踏抽丝。当时生产工具落后，工人生活水平低下。有工人形容说："金砣银线，檀木掌板，左搓右搓，三天不搓就盖锅（没饭吃的意思）"，"前世杀老子卖娘，今世投的丝线行，吃饭没桌子，睡觉没床"。到了民国年间，王应怀、朱广福、何其裕、周雨桐、严文林等户也开始手工制作丝线。1948 年，东台县富安镇有祖传丝线作坊 10 多家，手工缫丝，染色纺线，年产丝线 200 千克。1955 年，富安建立生产合作社。随着蚕茧生产的发展，1983 年富安缫丝厂和富安织绸厂成立，生产丝线、色边带及春秋丁、春光缎、软缎被面等丝织品。

改革开放以来，富安茧丝绸行业实现了质的飞跃。1980 年，富安蚕茧收购在江苏省有史以来首次超过一万担，全国第一家乡镇茧丝绸公司和蚕农合作社率先成立，这极大提高了蚕农生产积极性，使富安蚕茧产量和蚕桑效益 30 多年蝉联全国乡镇之冠，成为闻名遐迩的“中国茧都”。“FUAN”牌桑蚕丝获“中国名牌”“中国驰名商标”称号，产品出口日本及欧美市场。爱马仕、LV、香奈儿、阿玛尼等世界顶尖奢侈品牌纷纷牵手富安丝绸，使其真正成为国际生丝行业的“第一品牌”。

蚕丝是自然界中集轻、柔、细为一体的天然纤维，素有“人体第二皮肤”的美誉，被业界称为“纤维皇后”。蚕丝的主要成分为纯天然动物蛋白纤维，其构造和人类的皮肤是最相近的，有 87%的相似度，内含多种人体必需的氨基酸，有防风、除湿、安神、滋养及平衡人体肌肤的功效。蚕丝滑爽、透气、轻柔、吸湿、不刺痒及抗静电等特点使其成为制作贴身衣物的上乘料子，而以蚕丝为内质的蚕丝被更具有贴身保暖、蓬松轻柔、透气保健等优良品质。古代的达官贵人、皇亲国戚的被子，用的大都是蚕丝。

蚕丝被制作技艺在富安蚕桑业的发展下日趋成熟，目前全镇制作蚕丝被的商家有 30 余家。富安蚕丝被货真价实，广受消费者青睐，在业界树立了良好的口碑，不少人慕名前来购买。

在缫丝和织绸过程中，质量难免参差不齐，优等的丝和绸直接用于买卖交易，质量中等及以下的自然就被淘汰了。后来，富安人就用淘汰下来的丝和绸重新加工，制作成蚕丝被流通于市场。这就是最初蚕丝被的由来。

蚕丝被制作流程如下：

（1）养蚕：富安得天独厚的地理环境，最适合种植桑树。面大质厚的桑叶是收获优质蚕茧的前提条件。

（2）选茧：经过筛选，选出最饱满的双宫茧。

（3）煮茧：将选好的茧放在优质纯净水中加以浸泡、煮练，不加任何化学药剂，使丝胶充分疏解。

（4）清理：先用大拇指将蚕茧从上方拨开（不可用机械或刀具切割，否则长丝会变成短丝）。然后去除蚕蛹、蚕沙等杂质，这一工序需要细心有经验的师傅去完成。

（5）小套环：熟练者将蚕茧套在自己的左手上，初学者可使用竹制的小弯环。

（6）大套环：小套环完成后再用大套环将蚕茧拉开伸展，使其呈直径约 30 厘米的帽子形状。

（7）丝套：白色的帽子形状的丝套就是蚕丝被的内丝胎原料。

（8）晾晒：将制成的丝套放在阴凉处晾干，切不可在烈日下曝晒。

（9）拉丝：在强光反射拉丝台上，技术熟练的拉丝工（4 个人）协力拉丝，铺制成各种规格的内丝胎。

（10）缝制：加上外套，经过细密的缝制，一床纯天然的蚕丝被就完成了。

蚕丝被的特点如下：

（1）轻盈，滑爽，贴体。在天然的纤维中，蚕丝被的蓬松度很好，所以被子不必很厚，盖在身上非常轻盈。用手抓住被子揉一下，可以感受到蚕丝被的滑爽。

（2）预防感冒。蚕丝被拥有冬暖夏凉的特性，在寒流来袭时，能发挥强大的御寒性和保暖性；天气较暖时，则犹如凉被般清爽舒适，可大幅降低感冒的概率。

（3）有助于睡眠。蚕丝是世界上公认的柔软、健康的天然纤维。以 100%蚕丝为填充料制成的蚕丝被，具有贴体、舒适的特质，可以帮助人在最短的时间里进入深度睡眠。

（4）轻暖舒适，让心血管无负荷。蚕丝被具有极佳的御寒性和保暖性，可使人的心脏和血管免受过大的负荷和压力，身体更健康。

（5）预防风湿病、关节炎及皮肤病。天然蚕丝中含有一种叫“亲水侧边氨基酸”的物质，它能迅速有效地吸收被内湿气，并借助丝胎良好的透析性，使被窝保持干爽宜人，达到预防风湿病、关节炎及皮肤病的功效。医学研究报告显示：蚕丝富含人体必需的18种氨基酸和天然多孔性蛋白纤维成分，对人体在睡眠中的血液循环和新陈代谢具有良好的调节作用，并能增强人体皮肤的细胞活力，从而达到延缓皮肤老化和滋养皮肤的作用。

（6）防螨、防霉、抗菌。蚕丝具有极佳的防螨、防霉、抗菌特性，尤其是蚕丝被所采用的特级蚕丝，均符合严格的卫生和健康要求，并且绝对纯净，在制丝过程中不添加任何有损人体健康的化学药剂。

◆ 上　拉丝

◆ 下　铺平

堤西松花蛋制作技艺

松花蛋又称皮蛋、变蛋等，是一种中国传统风味的蛋制品。其营养丰富、食而不腻、易消化、美味可口、风味独特。松花蛋分为溏心皮蛋（蛋黄未变老，又称京彩蛋、嫩皮蛋）和硬心皮蛋（即湖彩蛋，又称老皮蛋）。

东台堤西地区制作松花蛋的历史悠久。传说明代万历年间，江苏吴江县一家小茶馆的老板很会做生意，所以买卖兴隆。店主在应酬完客人后，往往习惯把泡过的茶叶随手倒在炉灰中。说来也巧，店主养的几只鸭子爱在炉灰堆中下蛋，而主人拾蛋时，难免会有遗漏。一次，店主在清除炉灰茶叶渣滓的时候，发现了不少鸭蛋，他以为不能吃了，谁知剥开一看，里面黝黑光亮，上面还有白色的花纹。闻一闻，一种特殊的香味扑鼻而来；尝一尝，鲜滑爽口。这就是最初的松花蛋。后来，这种制作方法传到中国各地。

东台堤西松花蛋以堤西鸭蛋为主要原料，将生石灰、黄丹粉、茶叶末、纯碱、草木灰和食盐等调和成稀泥包裹在鸭蛋上制作而成。松花蛋蛋白晶莹透明，色泽光亮，富有弹性，表面呈现出大小不一的松花图案，蛋黄、蛋白层次分明，从内到外依次呈现红、豆黄、豆绿、深灰、茶红五色，蛋黄凝而不固、聚而不流，口感鲜美、醇香，食后有清凉、香甜之感，回味悠长。堤西松花蛋含有丰富的氨基酸及铁、锌等人体必需的营养元素，久食不腻，对防治高血压、耳鸣、眼痛、牙痛、眩晕等有食疗作用。

经过不断摸索改进，堤西松花蛋的制作技艺日臻完美。堤西松花蛋不仅是饭桌上的美味，而且有一定的药用价值。清代王士雄在《随息居饮食谱》中说：皮蛋，味辛、涩、甘、咸，能泻火、醒酒、去大肠火，治泻痢，能散能敛。堤西松花蛋有湖彩和京彩两种，尤以后者更具特色。制作京彩松花蛋时，把选好的鸭蛋浸泡在用碱、盐、茶叶、桑木灰、金生粉等配成的料水中，20天左右捞起，用干泥粉掺入卤水包好，再滚上砻糠即成。此蛋剥壳后，满是花纹，切开后有里外三层不同的色彩，外层墨黑结成晶状硬块，中层略带黄色、较软，里层呈金黄色，为熔糖状，也称“溏心松花蛋”。京彩松花蛋不仅色佳，而且爽口、清凉。

东台市溱东镇从1967年开始规模化生产松花蛋，正常年产40万至50万只，且产量逐年上升。1980年，青一、青二、草舍等村组、户联办厂也开始加工松花蛋，全年产量达400万只以上，产品销往上海、南通、苏南各地。松花蛋不仅为国内广大消费者所喜爱，而且在国际市场上也享有盛名。它从1967年开始进入国际市场，远销新加坡、马来西亚等地。

由于松花蛋的蛋黄中有很多蛋白质分解成了氨基酸，因此松花蛋的蛋黄吃起来比普通鸭蛋的蛋黄鲜得多。松花蛋虽然营养丰富，味道鲜美，但碱性过大，故不宜多吃。在食用松花蛋时，可加点陈醋，醋既能杀菌，又能中和松花蛋的一部分碱，吃起来也更有味。

由于堤西地区的石灰、茶叶、水质等与其他地方的不同，因此生产出来的皮蛋具有本地独特的风味。

◆ 上　堤西松花蛋

◆ 下　制作松花蛋

堤西咸鸭蛋制作技艺

堤西咸鸭蛋制作技艺是一项传统的手工技艺，始于东台李棠于1808年创办的丛桂堂，至今已历经八代。创始人李棠起初在扬州高邮学习禽蛋制作技术，回到家乡东台时堰后，自己制作咸鸭蛋。他的制作技艺精湛，蛋品口味好，因此名噪一时。此后，李氏家族中的后代纷纷向李棠学习制作技艺，分别在海安、姜堰、兴化，以及东台的时堰、溱东等地制作蛋品。

东台堤西地区水网密布，一千多年前就开始养殖麻鸭。用麻鸭蛋制作的咸鸭蛋蛋白如玉，蛋黄红润，松软可口。

堤西咸鸭蛋的制作有一整套流程：首先要精心挑选新鲜无破损的干净的麻鸭蛋，并按大小等级分开；然后用独特的配方腌制鸭蛋，鸭蛋在配好的料泥中浸泡一段时间后，取出放入宜兴陶土缸中封存一月有余；鸭蛋腌制成熟后再经过清洗、挑选、蒸煮、真空包装、装箱等方可进入市场。

进入21世纪以来，李氏第八代传人李惠平走出东台，在外地从事祖传产业，专门制作蛋品并销售。2008年，李惠平回到家乡，创办了东台市兴凤家禽养殖专业合作社，并注册了商标，专门生产咸鸭蛋。他在家传技艺的基础上结合现代科技，优化咸鸭蛋制作配方，做出来的咸鸭蛋味道鲜美，兼有松、沙、油、鲜、细、嫩六大特点，更符合现代人对口感的要求。他打造的“万凤”牌咸鸭蛋，受到消费者的认可，蛋品销往本地及苏州、上海等地的超市。此外，“万凤”蛋品系列先后获评盐城市名牌、盐城市著名商标、江苏省十佳农产品品牌。

◆ 上　腌制好的咸鸭蛋

◆ 下　传承人李惠平制作咸鸭蛋

东台陈皮酒酿造技艺

东台陈皮酒酿造技艺是一种采用“淋饭法”，沿用传统米酒酿造程序，辅以多类中草药浸制成滋补型黄酒的手工技艺。陈皮酒原名“八珍汤”“陈醅瓮”。

清嘉庆二十一年（1816年）《东台县志》卷十九《物产·酒之属》中有载：枣儿红、竹叶青、玉兰、白烧、元密、陈醅瓮。其中，陈醅瓮即用瓮贮藏的陈皮酒。清代中后期，陈皮酒制作技艺在东台城得以广泛流传，城内生产作坊多达二十余处，大都用自配秘方生产，其中以张永盛作坊规模最大。他用上代留传的陈醅瓮独特配方酿制陈皮酒（配方一直沿传至今），生产的酒质列为同行之首。他在东台城区开设“张二房槽坊”（陈皮酒店），专售用糯米、中药酿造的陈醅瓮酒。

陈皮酒的酿造在用料、做工上都十分讲究，选用东台地区生产的优质麻筋糯米，以及本地特有的天水、河水、井水（按一定的比例兑成）为原料，加以陈皮、黄芪、党参、当归、肉桂、丹参、红花、木瓜等16种滋补药物，采用淋饭法，经过浸渍、蒸饭、淋饭落缸、拌曲搭窝等14道工序酿制而成。制酒过程中，操作者根据不同的气候条件，及时做出判断并执行相应的操作，如糖化、加粮酒、发酵、开耙等工序的时长，都由有生产经验的工作人员来决定；加药浸泡是陈皮酒制作的关键，在压榨、杀菌后，加入由秘方管理者事先按一定比例配置好的中药袋，封缸贮存，陈酿一年即为成品。

沿用此技艺生产出的陈皮酒，酒色橙黄，绵润甜爽，香味独特。经科学手段检测，酒中含有丰富的多糖、有机酸、氨基酸和维生素，其有效成分具有补气养血、益肝强肾、祛风散寒、舒筋活络、理气开胃、壮筋健体之功效。

随着社会经济的迅速发展，这一传统的手工技艺又走向了新的历程。1956 年，东台城七家私营槽坊组成公私合营东台酒厂，生产技艺传承人亦作为私方代表进入酒厂，陈皮酒酿造技艺得到了及时的保护和传承。2000 年，东台酒厂改制为江苏省东台市天成酒业有限公司，仍沿用传统技艺生产陈皮酒，从原料加工到成品出厂的所有工序，全由手工完成，并沿袭清“张二房槽坊”中药浸泡秘方，保证了陈皮酒生产工艺的完整性及产品的质地和口感。东台陈皮酒于 1984 年参加美国芝加哥国际博览会，1987 年获中国首届黄酒节质量评比一等奖，1988 年获中国保健品金鹤奖和首届中国食品博览会铜质奖，1994 年又获全国黄酒协会银质奖。

东台陈皮酒每年生产两季，分别在农历二月底至五月底、九月底至十一月底。春秋两季，气温适中，日照充足，适宜陈皮酒手工操作，便于把握发酵时间。制作陈皮酒对气候条件要求严格，太热易生酸，太冷则发酵不好。东台的气候条件是优质陈皮酒生产的重要保证。

东台的土壤大致分为堤西的水稻土和堤东的盐土两大类。堤西以红砂土为主，红砂土质地均一，砂黏比例适中，紧实致密，保水蓄肥能力强，土壤呈微碱性，砂灰及盐分含量微少，含有机质 1.5%左右，适宜生长水稻、玉米，产量高且稳定，是种植水稻的一等田（东台水稻种植面积约 43.5599 万亩），实行稻、麦、棉、绿肥轮作，为东台陈皮酒的生产原料——优质糯米提供了丰裕的来源。

东台市属苏北里下河水网地区，境内水资源总量为 13.868 亿~16.862 亿立方米，可利用水资源为 12.691 亿~15.255 亿立方米，为陈皮酒生产提供了丰富的水源。不仅如此，东台市水质优良，尤其是串场河、泰东河的两股水源，水质清澈、水温适中、酸碱度适宜，适合酿造东台陈皮酒。这也是东台陈皮酒口感独特的一个重要因素。

东台张二房槽坊得上代留传的陈醅瓮配方，独家酿制陈皮酒。配方由张氏后人代代相传，秘不示人。清光绪年间，配方传承人张兰荪因无子，遵祖嘱“传婿不传女”之训，将配方传给其婿——时任张二房槽坊管事郭任天。20 世纪 50 年代，郭任天将秘方传给其婿孙益忠。80 年代，孙益忠将秘方传给其徒纪扣红。

1956 年，东台城七家私营槽坊组成公私合营东台酒厂，继续生产陈皮酒和白酒，张二房槽坊亦在其中。经过多年经营，酒厂的生产方式由手工操作转向机械化流水线生产。1982 年，酒厂扩建，陈皮酒车间具有年产 500 吨的生产能力。1985 年，陈皮酒车间被划出并扩建为地方国营东台陈皮酒厂，单一生产东台陈皮酒。1987 年，陈皮酒年产量已达 2186.65 吨。

随着社会经济的迅速发展，这一历史名酒又走向了新的历程。2000 年 6 月，原东台市酿酒总厂改制为东台市天成酒业有限公司。它继承传统药用酒的配方，采用现代科学酿制、传统淋饭法技艺，经浸泡、蒸煮、压榨、陈酿等工序酿成饮用酒。陈皮酒中氨基酸含量居各种酿制酒之首，迎合了当今人们滋补保健的需要，深受广大消费者欢迎。

东台陈皮酒生产流程如下：

糯米→浸米→蒸饭$\xrightarrow{\text{糖化发酵剂}}$拌饭（28~38 ℃）→一次开耙、封缸（72 小时）→发酵、二次开耙→压榨→煮酒、杀菌（85 ℃以上）→清洗酒坛、装坛封口→陈酿$\xrightarrow{\text{瓶清洗消毒}}$灌装封口→喷码→检验→装箱→入库

酿制陈皮酒的主要器具和设施有大缸、木桶、端桶、挽水、竹耙、锡壶、木榥子、麦草缸盖、小扫帚、竹箩筐、压榨池、压榨棒、榨板、老虎灶、酒坛、封泥、贮存仓库。

陈皮酒的酿制方法如下：

（1）浸米：将优质精白糯米过筛后倒入浸米桶，加清水浸泡，浸泡时间视气温而定，春、冬一般 8~10 小时。浸泡后将糯米装入竹箩，淋净沥干。浸米时要求糯米颗粒完整。

（2）蒸饭：浸米沥干后倒入木制甑中，用蒸汽蒸煮约 6 分钟，蒸至饭粒内无白心，外无破皮，透而不烂。

（3）淋饭、落缸、拌饭：将蒸好的饭计量于淋木桶，用冷水淋，一般淋至品温 32 ℃左右。落缸温度在 27～30 ℃。淋冷米饭略等片刻，沥去余水倒入大缸中，撒开并拌匀。

（4）拌曲、搭窝：按比例拌入曲粉，拌匀后在缸中间扒出倒喇叭形饭窝，用手将窝、面轻轻打实，以不使倒喇叭形饭窝下塌为度。

（5）糖化：落缸搭窝后根据气温和室温变化情况，及时做好保温工作，一般在 24 小时后窝内就会出现小浆。

（6）第一次开耙加粮酒、加麦曲：物料下窝后 1～2 天，缸内温度上升快，可听到“嘶嘶”的发酵声。此间每缸加入适量粮酒、麦曲，再充分搅拌均匀。

（7）发酵、第二次开耙：依据气温和品温的变化，以及发酵情况，2～3 天后第二次开耙。

（8）压榨、煮酒、杀菌：经过多天发酵，醪中温度在 16 ℃以上时可以榨酒。将榨出的生酒静置，取其上层清液并杀菌，煮酒入瓮时放入十八味中药。煮酒温度在 85 ℃以上，趁热封坛。封缸陈酿一年即得成品。

东台陈皮酒的代表性传承人如下：

张兰荪（1852—1916 年），张二房（张永盛）七世孙，出生于清咸丰二年（1852 年），光绪三年（1877 年）接掌张二房槽坊（位于东台城彩衣街刘七巷后西侧处），民国五年（1916 年）去世前将配方交给其婿郭任天。

郭任天（1895—1986 年），出生于清光绪二十一年（1894 年），光绪三十三年（1907 年）到张二房槽坊当学徒，民国五年（1916 年）接掌岳父张兰荪的张二房槽坊，经营至 1955 年交其婿孙益忠，1986 年去世。

孙益忠（1928—2006 年），出生于民国十七年（1928 年），民国三十二年（1943 年）进张二房槽坊当学徒，1955 年接掌张二房槽坊，1956 年带领张二房槽坊进入公私合营东台酒厂，1985 年将陈皮酒配方传给其徒纪扣红，1988 年退休，后返聘酒厂工作数年。

纪扣红，1965 年出生，1983 年参加工作，先后担任东台市陈皮酒酒厂生产科技术员、陈皮车间主任、技术开发科科长、生产副厂长等职。

朱凤祥，1966 年出生，1988 年参加工作，1995 年任东台市陈皮酒酒厂厂长，主要负责东台陈皮酒生产和技术改造，在实践中熟悉了东台陈皮酒生产技术要点，全面掌握了不同节气条件下酿造陈皮酒的关键因素。

拌饭

◆ 上　发酵

◆ 下　封坛

东台“六大碗”烹制技艺

东台“六大碗”在东台地区有着一百多年的历史，在《东台县志》《东台市志》中均有记载。民国初年，东台制作“六大碗”宴席的老字号有“红兰别墅”“张复盛”“听雨”“兴汉馆”“余复兴”等；中华人民共和国成立初期，以东台四大餐馆为主；改革开放期间，“红兰别墅酒楼”“三元酒家”“新东菜馆”“人民饭店”等都以擅长制作“六大碗”宴席而著称。目前在东台制作“六大碗”宴席的章国荣为“六大碗”烹制技艺第四代传人。章国荣以其制作的“六大碗”菜肴参加国内各项烹饪大赛，多次获奖，产生很大反响。

“六大碗”宴席在苏中里下河地区有着很深的历史文化底蕴，菜肴以用料严谨、味道纯正、制作精细而闻名。整个宴席如行云流水，因材施艺，四季有别，口味甜咸适中，浓淡相宜，清鲜可口，囊括了东台的名优特产、海鲜河鲜。

“六大碗”在东台人民群众的饮食生活中也有着深远的影响，常常出现在婚宴、寿庆、家庭团圆、丧葬等重要场合，是中国淮扬菜中有代表性的菜肴之一，对于研究淮扬饮食文化有着重要的作用。

东台“六大碗”烹制技艺主要分布在东台市范围内，同时辐射到泰州市的姜堰区、兴化市，南通市的海安市、如东县，以及盐城市的大丰区，这些地方的部分区域在民国期间由东台县管辖，因而生活习俗有很多相似之处。

“六大碗”宴席由冷盘（八碟）、“六大碗”主菜、点心、甜菜、时蔬和汤组合而成。八碟就是八道冷菜，这八道冷菜风味各不相同，有些品种随季节的变化而有所改变，不过其内涵变化不大，大致可分为肉类、家禽类、禽蛋类、鱼虾类、海产品类、腌腊类、坚果类、菜蔬类。

“六大碗”主菜包括：烧土鳔（头菜）；大蛏烧萝卜（大蛏为本港蛏）；大鸡孵小鸡；四时小炒（春季“韭黄炒劈蛤”，夏季“酸渍菜炒长鱼”，秋季“炒虾腰”，冬季“炒肝肠”）；红烧肉；糖醋脆皮鱼。主菜可以根据宴客档次相应调整。

在“六大碗”宴席中，除了主菜之外，还有几道副菜，即甜菜、点心、时蔬和汤。这几道副菜的加入，将整个宴席烘托得更完整，更富有层次感。甜菜一般是一干一汤，包含八宝饭、蜜枣扒山药、藕粉圆子、天竺果、银耳莲子羹、拔丝苹果等品种。点心一般是春卷或藕夹。时蔬一般有白菜炒百叶、芹菜炒茶干、青菜炒蘑菇等。汤随季节有所不同，春天有鸡笋汤、五丁青螺汤，夏天有榨菜干丝汤、冬瓜蛤蜊汤，秋天有肚肺汤、鲫鱼汤，冬天有雪冬汤、青菜羊肉汤。

东台“六大碗”

东台装裱技艺

装裱也叫装潢、装池、裱背，是我国特有的一种保护和美化书画及碑帖的传统技艺，即以各种绫锦纸绢对古今纸绢质地的书画作品进行装裱美化或保护修复。在宣纸和素绢上所作的书画，因墨汁的胶质作用，画面多褶皱，易破碎，不便观赏、流传和收藏。而经过托裱画心，使之平整，再依其色彩的浓淡、构图的繁简和画幅的狭阔、长短等情况，配以相应的绫锦纸绢，装裱成各种形式的画幅，可使笔墨、色彩更加丰富突出，从而增强作品的艺术性。

装裱技艺在中国有悠久的历史。早在战国时期就有帛画、缯书，至西汉即有装裱的绘画出现。如湖南长沙马王堆汉墓出土的帛画，上端装有扁形木条，系有丝绳，木条两端还系有飘带。南北朝时书画装裱多为赤轴青纸，著名裱工有范晔、徐爰、巢尚之等。至唐代始用织锦装裱书画，格调堂皇，高手辈出。张彦远在《历代名画记》中专门设“论装背裱轴”一章论述有关装裱事项。

宋代因书画繁荣，装裱亦获空前发展，多用绫绢作裱料，装裱样式丰富多彩。北宋宣和年间，装裱多是画心上下镶隔界，不镶绫边，周以古绸绢边栏之，称宣和裱。画家米芾兼善装裱，颇有建树，撰有《论鉴赏装裱古画》一文。元代宫廷设置专门机构，管理书画装裱。

明清以来，随着文人画大兴，以素绢或浅色绢作裱料的装裱逐渐增多，地区性的装裱中心出现，所裱书画因绫绢色彩、操作技法及裱幅形式的不同而各具地方特色，如京（北京）裱、苏（江苏）裱等。明代周嘉胄撰《装潢志》一书，论述精微，人多重之。

东台的装裱技艺起源于元末明初。“洪武赶散”时期，苏州仓门一带一批民间装裱艺人迁居到东台，就此东台书画装裱行业产生。东台装裱主要延续了苏裱的特点，款式多样，用料考究，做工精细。特别是改革开放以来，东台装裱技艺得到了前所未有的发展，并迅速达到顶峰，从业人员剧增，装裱艺人在不断提升装裱技艺的基础上，讲究烘托作品主题，提升作品档次，使作品给人以美的艺术享受。当时的东台市工艺品总厂，有专门从事字画（发绣）装裱的车间，产品出口东南亚，成为江苏省出口创汇企业。

东台装裱技艺是一种传统工艺，选料考究，技术精湛。装裱工序大致可分为六个部分，每一部分又可分许多小工序。

第一部分为定型备料，包括制浆糊、画心托底、托绫绢等。

第二部分为上浆托纸，包括调试浆水、配托纸、润画心、上浆托纸、刷浆口、上墙绷平晾干。

第三部分为裁画心、下料，包括画心下墙、取正裁方、量裁镶嵌材料。

第四部分为画心与镶嵌材料的组合、定型，包括镶局、镶牙子、镶边、镶天头地脚、卷边或沿边、上钉角等。

第五部分为复画上背，包括配复背纸、裱件的闷水润性，刷复裱上画和排平，加辅料、上墙、绷平。

第六部分为收尾，包括下墙、打蜡、剪边、装天地杆轴，挂网结带。

近年来，东台装裱行业人才辈出，装裱作品在国内外占有一席之地，并屡获大奖。发绣长卷《五百罗汉图》《圆明园四十景》《清明上河图》《维摩演教图》《苏州园林》《白鹭颂》等近百幅作品获省级以上大奖，部分作品被省级博物馆收藏；多篇论文在江苏工艺美术网站（艺博网）发布，或入选《中国当代民间工艺名家名作选粹》。2008 年，东台市被文化部授予“中国民间文化艺术之乡”的称号。

装裱技艺是中华民族先人们创造的一门独特的装饰和保存文化载体的艺术形式。经过一千五百多年的不断完善，它从装裱样式到装裱手法，都符合中华民族的审美心理与审美要求。装裱的过程，就是一个创造美的过程，具有重要的历史价值、文化价值和收藏价值。

装裱技艺对保护和保存历代书画、书籍、碑帖等珍贵的民族文化遗产，起到了不可替代的重要作用。

东台是中国民间文化艺术之乡、发绣艺术之乡，有特定的地理环境和历史人文。书画和发绣已成为东台对外宣传的文化名片，而它们正是通过装裱技艺来完成的。

经过装裱的书画牢固、美观，便于收藏和布置观赏。而重新装裱古画，更能延长作品的生命力。古人所言：“古迹重裱，如病延医……医善则随手而起，医不善则随手而毙……”这充分说明了装裱技艺的重要性。

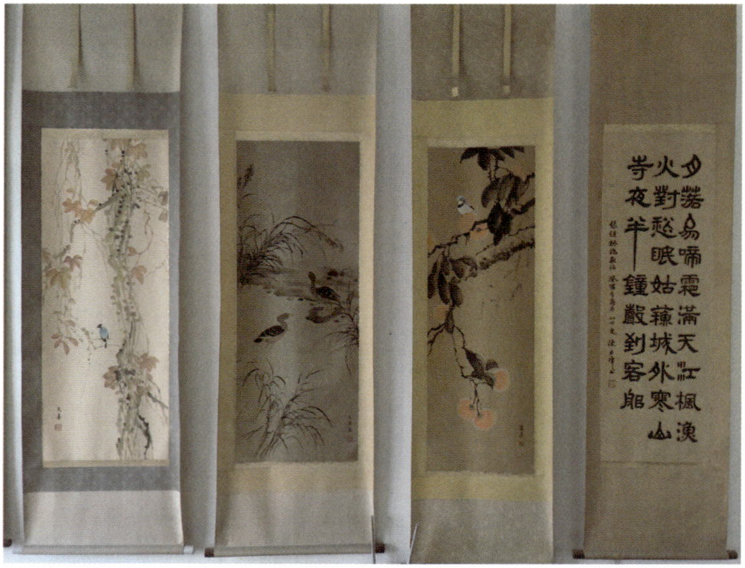

经过装裱的书画作品

◆ 上　装裱工具

◆ 下　上浆托纸

东台鱼汤面制作技艺

东台鱼汤面历史悠久，风味独特，是江苏名点小吃。

相传，清乾隆年间，有一位东台商人开了一家淮扬口味的面点小吃馆，生意清淡。一天，他偶见一馄饨担子，其馄饨汤浓味鲜。他探得主人原为御膳厨师，因触犯了御膳房的条规，被逐出宫廷，遂回到家乡，以挑馄饨担子营生。该人用串场河的水、西乡的粮、东乡的盐和野生鲫鱼制作出了美味的馄饨。商人遂将他邀入店内，用他的野生鲫鱼汤下面，果然生意兴隆，门庭若市。东台鱼汤面从此扬名全省。

东台境内盐业兴旺，云集台城的盐商大贾都爱吃鱼汤面，并把鱼汤面推上庆寿宴席。于是，别的茶馆也仿制供应鱼汤面。到了民国初年，东台废灶兴垦，栽桑植棉，台城成为粮棉集散之地，外地客商纷至沓来。其时，台城20多家茶馆、酒店都供应鱼汤面，每天早市也都顾客盈门。东台鱼汤面从此驰名大江南北。据传，1915年首届巴拿马太平洋万国博览会上，现场制作的东台鱼汤面引得外国人不停地竖起大拇指、连声喊“Good!”，并获巴拿马太平洋万国博览会金奖。

1940年10月，陈毅率新四军北上，途经东台时，台城各界人士举行欢迎大会，并用鱼汤面招待新四军战士，谱写了一曲拥军情歌。当时流传这样一首歌谣：“鱼汤面，白又香，献给亲人尝一尝；鱼汤面，浓又香，战士吃了精神长，杀敌冲锋更顽强……”

1963年春，时任中共江苏省委第一书记江渭清赴东台考察。工作之余，他品尝了东台名小吃鱼汤面，连连称好。后来，他多次向其他同志介绍说：“到东台不吃鱼汤面，枉来一趟。”

1978年，东台鱼汤面被命名为“江苏省名点”。

1985年，东台城内红兰别墅酒楼制作的鱼汤面被江苏省商业厅鉴定后列为“江苏省名品”，并获荣誉证书。同年，东台鱼汤面被编入《中国小吃谱》。

1988年，东台鱼汤面被命名为“中华名小吃”。

东台鱼汤面属于淮扬菜系，其注重刀工，讲究火候，汤白如奶，面条细滑，每一根面条都充分吸收了汤汁的鲜美。而鱼汤面的精髓其实就在汤里。熬汤的方法很特殊，用料也极为讲究。首先，将活的野生鲫鱼和黄鳝洗净，不留残血。将猪油烧至八成热后，分别放入野生鲫鱼、鳝肉、鳝骨炸至金黄色，起酥捞起（注意不能烧焦，炸鱼时油锅火力不能过足，以防炸黄影响汤白）。其次，将炸过的鲫鱼、黄鳝外加煸好的猪骨头用适量的河水慢慢煨至汤稠，用葱、酒去腥（做汤时要保持强火力，特别是下油时火要大）。再其次，用细筛过滤清汤，放少许虾籽，才算汤成。最后，用刀切面，面上碗前，要始终保持汤不停地翻滚，否则会使汤油分离。这样做成的面条，汤白汁浓，色如牛奶，黏稠似乳，点滴成珠，鲜而不腻，清爽可口。人们吃过以后热气透过骨髓，唇齿之间弥漫着特别的香味，真正是汤浓、味鲜、面香。

东台鱼汤面不仅味道鲜美，还具有较好的养生作用，能够润脾健胃，补虚疗肠。经常食用鱼汤面，可强身健体。这是因为东台鱼汤面在汤料上选择了野生鲫鱼、黄鳝、猪骨等原料，高蛋白、低脂肪且富含活性钙和各种氨基酸，食后不上火、不口干，营养丰富，符合当代人所追求的膳食养生。鱼汤内含有大量的钙质、胶质，经常食用，益处无穷。因此，东台有“吃碗鱼汤面，赛过老寿星”之说。当地老百姓也常说，“吃一碗，想三年”。鱼汤面早已成为东台人早茶文化中不可或缺的一部分。每逢周日，各餐馆更是食客盈门，应接不暇。近年来，虽商情变化无常，但东台鱼汤面的名号经久不衰，各餐馆仍一如既往地红红火火。

在东台，每逢有人过生日，吃长寿面的时候，餐桌上出现的便是这道鱼汤面。

现在东台鱼汤面制作的主要原料有野生鲫鱼、黄鳝、大豆油、猪油、猪骨、面条（多为水面）。制作程序如下：将野生鲫鱼去除内脏、鳃，洗净，猪板油炼熟，黄鳝汆熟划肉、鳝骨泡水，猪骨焯水备用；用猪油将鲫鱼、鳝骨炸透，鳝肉炸脆，猪骨炒透；在大锅中放清水烧开，放入炸透的鲫鱼、鳝骨，大火熬制，10 分钟后捞出鱼渣，沥干水分，反复数次至汤浓白，用汤筛过汤去渣，加上煸好的猪骨、生姜、葱和适量的黄酒。这样制成的鱼汤黏稠似乳，点滴成珠。汤做好后，在锅中放清水烧开，加入面条，煮熟后捞入碗中点上鱼汤，再加入脆鳝、虾籽、蒜花，上桌时再带上白胡椒粉、精盐调味碟备用。这样制作出的鱼汤面才算是“精致的鱼汤面”。

据记载，东台鱼汤面已有七代传承人：第一代为张复盛；第二代为张竞臣；第三代以景正福和万俊良为主要代表；第四代以俞永寿和章兆同为代表；第五代有毛胜武、徐正宽、章国荣等，其中徐正宽是最具代表性的传承人；第六代有徐兴旺、宫春林、徐拥军等，其中又以徐用军为典型代表；第七代有冯友植、丁小勇、王小军、王生安等一批新生力量。

东台鱼汤面

富安酥儿饼制作技艺

俗话说："节后饭店三日闲。"但每年春节前后，富安镇上的十多家熟食店都十分热闹。一些身在外地的富安人士都会赶回来，大包小盒地买上一些带给家人或远方亲友品尝，这就是富安特有的美食点心——酥儿饼的魅力。这种情况会持续到清明节前后，而那些卖酥儿饼的店家，也要到了这时才肯收拾炊具，停炉息灶，等到第二年再开吉市。

酥儿饼又名千层酥。相传乾隆十六年正月，乾隆皇帝南巡江浙，第一站便是江宁。其时沿海一带盐业兴盛，朝廷在泰州设场公署，派官员驻守（称盐仓监）。那日盐仓监正在家中愁肠百结，不知拿什么觐见皇上。忽然娇儿哭哭啼啼向爹爹述说：他的小圆饼不见了。盐仓监遂传手下小吏，问可否再送他几只？不大一会儿工夫，小吏提着一扎圆饼进来，说这是他家乡富安的特产。盐仓监拈一只入口，顿时奇香满口，酥松鲜脆。再尝一只，竟外脆内嫩，油而不腻。盐仓监不禁拊掌叫绝，心中豁然开朗。第二天，盐仓监匆匆赶到江宁，小心翼翼呈上自己的礼物，请皇上品尝。乾隆皇帝尝后赞不绝口，问这叫什么饼。盐仓监灵机一动：此饼名为千层酥。从此，江宁府进献皇宫的美食单里又多了一项千层酥。

现在，富安酥儿饼有甜馅和咸馅两种：甜馅用赤豆沙、桂花和蔗糖等调制；咸馅用鲜肉、葱花、盐和味精调制。刚出锅的酥儿饼口感特别好，酥、松、香、脆，油而不腻，越嚼越美味。迄今为止，酥儿饼这一名小吃仅富安镇一处能制作。也有不少人或明学或暗访，做出来的饼与酥儿饼外观相似，可味道和口感还是不及富安酥儿饼。这就更给富安酥儿饼蒙上了一层神秘的面纱。在富安商业公司鼎盛时期，经营酥儿饼的副食门市部有 22 个，制作酥儿饼的师傅达数十人。

制作酥儿饼所需原料（按 20 只计量）：面粉 500 克，赤豆 100 克，白糖 100 克，桂花 5 克，鲜肉 200 克，葱 100 克，精盐 5 克，味精 5 克，猪油 125 克，色拉油 225 克，煎饼用棉清油 500 克（每 20 只酥儿饼约耗油 80 克）。

制法如下：

（1）将赤豆洗净，入清水锅中煮至酥烂，洗成豆沙，加入 50 克猪油、白糖、桂花，炒制成甜馅；鲜肉与葱（也可放少量油渣）一同剁成肉糜，加入精盐、味精等调制成咸馅。

（2）面粉纳盆，徐徐倒入开水，边倒边调，揉成软硬适中的面团，静置约 2 小时。

（3）把饧过的面团放在案板上揉匀，再用手按压成均匀的大片，上面均匀地涂上一层酥油（由猪油与色拉油调制而成），卷起来，压匀，再加酥油，卷起来，压匀，如此反复多次，直到形成一层面夹一层酥油，最后搓成坯条，分成每只约 40 克重的饼坯。

（4）取饼坯包好馅心，压成圆饼状，就做成了甜、咸馅的生酥儿饼。

（5）平底锅上火，放入色拉油烧热，把酥儿饼生坯平放入锅底，用文火煎制，待面饼呈金色菊花状起酥时，捞出沥油装盘。

“买的多是当地人，吃的多是异乡客。”富安酥儿饼并不是一年四季都有，因为酥儿饼要用猪油制作酥油，当气温升高后，油和面会黏成一团，就是再有能耐也做不出质量上乘的酥儿饼。因此，一年当中只有从入冬到清明节前后才能品尝到酥儿饼。富安酥儿饼因其特有的地域性、气候特性和绝佳的口感流传至今。

◆ 上　制作酥儿饼

◆ 下　富安特产酥儿饼

海门咸菜制作技艺

启海方言中常说，“三天不吃腌菜汤，脚骨郎里酥汪汪”。海门咸菜是启海菜谱中有名的菜肴之一，一般使用的原料是新鲜的芥菜、大头菜、雪菜（雪里蕻）。以上几种都是芸薹属一年生或二年生草本。

芥菜质地紧密，水分少，纤维多，菜叶肥厚柔嫩，富含大量的维生素 A、维生素 C、胡萝卜素、氨基酸等，是餐桌上的美味。芥菜中还含有硫代葡萄糖苷，这种物质经水解后产生具有挥发性的异硫氰酸化合物（也称芥子油）、硫氰酸化合物及其衍生物，具有特殊的风味和辛辣味。

大头菜含有丰富的食物纤维，可促进结肠蠕动，缩短粪便在结肠中的停留时间，预防便秘；其中也含有硫代葡萄糖苷，这种物质经水解后能产生具有挥发性的芥子油，具有促进消化吸收的作用，能增进食欲，帮助消化。此外，大头菜还能利尿除湿，促进机体水、电解质平衡；因其性热，故还可温脾暖胃，具有醒脑提神、解除疲劳的作用。

雪菜是芥菜的变种，区分两者主要看叶子开裂程度和边缘皱缩程度。若非老农，很难在短时间内分辨两者。新鲜雪菜是翠绿色的，口感略涩、微辣；经盐腌渍的雪菜质脆味鲜，口感爽脆，略带酸味。雪菜具有利尿止泻、祛风散血、消肿止痛的作用。

1912—1916 年，清末状元张謇北延棉花生产基地，动迁 18000 多启东海门子弟来到东台新街。他们不光带来了启海颇为先进的耕种技术和理念，同时也将启海人的各种生活习俗带到新街。海门咸菜便也为当地人所接受和喜爱，成为新街及周边地区居民餐桌上的一道美味。

20 世纪初，生活在东台新街沿海地区的启海人生活艰苦。这里土地盐碱成分较多，无法种植蔬菜。勤劳的启海人将腌制芥菜的方法不断改良，以有效防止有害微生物的生长，延长食材的储存期。他们将腌荠分为干腌荠和湿腌荠，其主要区别在于所用原料和腌制方法不同。干腌荠所用原料一般是大头菜，将菜叶和块茎洗净后切丝，晾晒至水分将尽后，伴以一定比例的食盐，填埋在瓦罐里密封保存，在阴凉处放置四五十天即可食用。湿腌荠所用原料一般是芥菜、雪菜等，洗净菜叶，将其盛放在阔口容器内，伴以一定比例的食盐，将叶茎内的水分浸出，轻压重物，放置一二十天即可食用。干腌荠和湿腌荠都可以煮汤吃，配以豌豆、青豆、蚕豆瓣，若有肉类或海鲜小鱼，味道就更加鲜美了。将湿腌荠同黄海渔民打捞上来的小黄鱼一起放锅里煮成汤，腌荠的清香加上小黄鱼的鲜嫩，实属美味佳肴。

海门咸菜

后港茶干制作技艺

后港茶干是采用本地的老品种大豆，经筛选、淘豆、浸泡、过水、磨浆、煮浆、吊浆、点卤、抄浆、舀包、手工切块、手工包裹、压制、拆解包裹布、提白（去豆腥）、晾干、酱煮等工序制作而成的传统豆制品。

后港茶干天然香料的配比是家传秘方，炒成后的糖色色质鲜亮，完全焦化后不甜也不苦。酱煮时用文火慢煮入味，出锅后的茶干韧而不板、圆润而不鼓、细腻有嚼劲，酱香浓郁，咸甜适中，鲜香爽口。

后港位于运盐河畔，属里下河地区，以黑土地为主，土壤肥沃，所产出的老品种大豆是做豆制品的上等原料。

1902 年出生的王维荫，成年后到泰州老酱园当学徒工，后到扬州三和酱醋厂胡泰分号做师傅，并于 20 世纪 30 年代末回到家乡后港制作茶干，至今已传承四代一百余年。目前，后港茶干制作技艺的传承人是王美春和王迎春。

后港茶干是里下河地区独特的名片，是游子联系家乡的一根红线，是上海、浙江，以及苏、锡、常等地了解后港的窗口，是江淮饮食文化的延伸，是中国近千年豆腐文化中的精品之一。

◆ 上 后港茶干生产作坊一角
◆ 下 后港茶干

弶港排斧

从18世纪到20世纪中期，从弶港出海的渔船都是木质帆船。在造船、修船时，领班师傅根据船体的结构，把每块木板之间的缝口用麻丝、油灰填满，使渔船不漏水，安全出海。起初，在造船捻缝时由木工师傅自行敲打，还未形成步调一致的排斧造船的技艺模式。在渔船制造过程中，渔民们为了给新造渔船壮船胆，祈求龙王保佑出海平安，获得鱼满舱的好收成，同时结合木工师傅的造船、修船的实践，逐步形成步调一致的排斧造船技艺。排斧造船就是把奎麻和油灰打成麻板，把麻板填嵌到木板连接的缝口中进行敲打，使麻板完全填满木板缝口，然后用油灰把木缝做平，用一定浓度的桐油刷多遍，使木板坚实如整木，不漏水渗水。久而久之，排斧这种造（修）船的传统技艺就形成了。造船捻缝时，领作木工师傅敲打船体铁钉，众多跟班师傅在领作木工师傅的指挥下挥动斧头和板凿，所有造船木工师傅动作协调，一气呵成，排斧声音有板有眼、节奏奇特，排斧动作流畅一致、铿锵有力。人们通过听排斧声音和看领作师傅的排斧动作，即可感知排斧造船进行到哪一道流程。在造船各个工序中可敲打出不同的节奏，如“喜鹊漱嘴”“麻雀闹花园”“磨坊驴子咕”“老鼠咬锅盖”“八哥洗澡”等经典板式，场面生动神奇，气势恢宏壮观，体现出齐心协力的劳动场面，富有感染力，展现了渔民们的集体智慧和创造力，具有鲜明的地域文化特色。

目前，弶港排斧主要传承人是崔广明和吴忠明。崔广明出生在木匠世家。在父亲和哥哥的带领下，崔广明从13岁开始学做木工，并参加过新四军苏中海防团的修船、造船。退休后，为了缅怀新四军苏中海防团在弶港的红色历史，回顾弶港的红帆船在抗战中的作用，他把自己准备办后事的棺木木材拿出来做了红帆船模型，办起了家庭军史馆，以此来教育下一代。因此，他被当地人誉为“红帆老人”。2008 年 9 月，中央电视台军事频道《人民子弟兵》栏目组陈明奎导演执导拍摄的纪录片《红帆船》中介绍了他的事迹。后来，中央电视台《新闻联播》栏目组、新影制作中心、盐城电视台、东台电视台等先后报道了这位“红帆老人”的事迹。2015 年，崔广明被评为“东台好人”。吴忠明是弶港造船厂组建后吸纳的一位有文化的新一代造船工人。他刻苦钻研造船技术，别人做不了的技术活，他都能做。在弶港造船厂新造机帆船的关键时期，他领班制造了机帆船 23 号。他钻研造船图纸，把在学校里学到的几何知识运用到造船技艺中。在排斧造船作业时，他领班的排斧技艺水平高，造（修）船时间短、质量高，排斧造船过程中感染力强，是排斧新生代传承人中的佼佼者。

◆ 排斧声声修海船

琼港近海扳坞

扳坞是南黄海近海（以渔舍港至巴斗港为主）连陆海滩与港汊之间的近海渔业捕捞的传统技艺。扳坞人白天休息，夜晚下海，日出前赶早市卖鱼。

近海扳坞已有200多年历史，以琼港为主要作业区，盖因当时琼港海域的潮滩平整，港汊较多，水系正道且有规律，鱼类丰富。在“琼墩子”形成后就有人发明了扳坞，所捕鱼虾以沙丁鱼、沙光鱼和白虾等为主。

扳坞人傍晚出门，选好作业地点后，在高地沙滩小憩。涨潮时，若是上风来水便能听到远处海鸟的叫声及潮头的声响；若是下风来水就听不到这些声音了，当以肘弯撑地，掌托腮边，不时以拇指顶于耳孔，利用大地传导作用感知涨潮时远处的微动静，以便早做准备，迎接当潮的捕鱼生产。

扳坞虽是近海作业，不需牵帆行船，但对从事此项作业的渔民来说，却需要很高的技艺。首先要熟悉潮汛，对沙头、港汊了如指掌。因为扳坞多在夜晚作业，为不使操作时的声响相互影响，扳坞人一般都独立行动，从不结伴，所以扳坞人需要相当的胆量、定力和方向感，根据大潮小汛的水势、风向、风力，每天拟定不同的撤退时间和路径，如回程途中有港汊，一定要算准时间提前上来，一旦潮水涨足过不了内滩就会有生命危险。因此，扳坞是一项极具风险和挑战性的技艺。

扳坞的鱼品未经急流冲刷、网目搓揉，且周转快捷，因此其鳞片完整、干净、新鲜，多年来一直深受老百姓的青睐。

扳坞作业完全靠步行，一个人、一张网、一盏灯、一只鲜篓、一把抄子，方便灵活；无须船只，无机械，无污染，可谓绿色环保。

近海扳坞的代表性传承人周么山，自幼跟随祖父周旺全学做扳坞网，制作坞灯，学习扳坞，至今已扳坞 45 年，积累了大量的经验，丰富了居民的“菜篮子”，也向适宜从事扳坞的人群传授了扳坞技艺。

◆ 近海扳坞

溱东传统砖瓦制作技艺

溱东镇历史悠久，据考证，新石器时代良渚文化早中期就有人类在此活动。据清嘉庆《东台县志》记载，溱东砖瓦始于唐代。现存全国重点文物保护单位——海春轩塔距今已有1300多年的历史，该塔全部由古青砖砌就。溱东镇因长江、淮河两大水系冲击回流于此，故土地肥沃，黏土分布全域。唐宋时期，溱东镇因砖瓦产量和质量闻名遐迩。从南京的明城墙和扬州、泰州、南通等地的古民居中都可以找到溱东烧制的砖瓦。

溱东传统砖瓦采用当地特有的黏土，先经1400 ℃高温长时间烧制，后经窑顶渗水转青等几十道工序制造而成，因此砖瓦百年不褪色，敲击有铿锵金属之音。溱东传统砖瓦具有耐压强、抗冻性好、透气、耐磨、经久耐用等优点。其表面亚光，质感好，装饰效果极佳，在园林、别墅及风景区等仿古建筑中应用广泛，是修缮古建筑的理想之选。溱东传统砖瓦经手工修饰后内在和外观质量得以进一步提升，强度更高，更能防渗漏，且不会对人类造成重金属离子和辐射危害。经过手工研磨的“金砖”则是文字、印模、刻画、练习书法的材料。

近代的溱东传统砖瓦制作技艺主要传承于李氏家族，已有近100多年的历史。李氏砖瓦雕刻内涵丰富，分为历史传说、辟邪祥瑞、神话、动物、佛教等题材；花纹又分为植物纹、云气纹、火焰纹、宝相花纹、几何纹、动物纹（如天马画像、瑞狮画像、白鹤画像等）、吉祥纹（如莲花纹、卷云纹、火焰宝珠纹、年年有余、五谷丰登等）。其中：砖包括小青砖、望砖、罗底砖、弯砖、城墙砖、特种砖等；瓦包括小青瓦、筒瓦、天沟瓦、虎头瓦、滴水瓦、脊瓦、屋面瓦等。屋檐滴水的虎头瓦上有福、禄、寿、喜、财等字样，屋脊上有鸡头对、虎头对、狮头对。此外，还有为庙宇专制的龙头瓦。各种砖雕艺术高超、精美绝伦。

溱东传统砖瓦制作技艺第三代传承人李怀明，1955 年出生于溱东镇秦甸村，自幼跟随父亲学习制作砖瓦，积累了丰富的实践经验，制作技艺娴熟。他对本地生产的砖瓦怀有浓烈的感情，矢志不渝从事传统砖瓦生产技艺研究。第四代传承人李志芹也已跟随师傅学习近 14 年，掌握了全部传统制作技艺。如果说建筑是“凝固的音乐”，那么溱东传统砖瓦则是这一音乐中最美妙、最动人、最充满意境与情感的旋律和乐章。

溱东传统砖制作步骤如下：

（1）制造土窑。首先是选址。古代的运输大部分是水路进出，同时考虑到消防需求，所以窑址首选在河边。周边地势要求平坦宽广，便于堆放各种燃料、坯件及成品。其次是确定窑基。根据窑户装窑的容量规划土窑的直径和高度。最后是构造土窑。窑体构造及材料非常重要，因涉密，此处不详述。

（2）选土。选土要经过掘、运、晒、锥、浆、磨、筛七道工序。土需黏而不散，粉而不沙。选好的土需放置整整一年，风化冷冻，去其“土性”。来年浸水将土泡开，反复踩踏练泥，以去除泥团中的气泡，最终练成稠密的泥团。反复摔打泥团、踩实。

（3）制作砖坯。选用上好杉木或杂木制作成光滑细腻的砖坯模具。将泥团装入模具，反复敲打压平，脱模后的砖坯要放在背阳处阴干。根据不同的尺寸，阴干时间和方式不同。以城砖砖坯为例，阴干需半年左右。因黏土具有特有的收缩性，故砖坯不能太潮，否则烧制出来的青砖容易出现裂纹或断裂。

（4）装窑。装窑时从里向外装，从下向上装，梯级上升。将烟洞位置装成扇形，一定要让火四处通达，中间不能有障碍物。装到窑门口时要设置挡火干墙，这是装窑最关键之处，因为窑口温度最高，如果挡火干墙不结实将会造成窑倒塌，导致意外事故发生。李氏家族在这方面已经积累了相当丰富的经验。

（5）烧窑。烧坯的材料很有讲究：烧制时，先用糠草熏，去其潮气，然后用大火柴烧。窑口需要放置一个生铁炉条（不能使用熟铁，因为熟铁遇高温容易变形）。烧火时需要不间断地烧，一般至少需要两个人烧火，前、后半夜轮流值班。一直烧到从窑口看到主烟囱冒出的烟呈通亮白色的棉花形状，同时烟洞出火近一米高，此时开始封窑。为避免跑火，烟洞逐渐被封小，直至与窑顶口大小一致。最后，从窑顶口圈出一个圆，不间断地往里注水，但速度要慢，水要小，以便形成水汽（千万不能用大水和急水，封窑是由水汽来灭火的，而不是水）。

常见的传统砖制品有城墙砖、金砖、九五青砖、八五青砖、七五青砖、皇道砖、望砖、条砖、板道砖等。常见的传统瓦制品有蝴蝶瓦、机制小青砖、筒瓦、勾头、花沿瓦、滴水瓦、黄瓜环瓦（套）、三花筒、花窗等。

各种制品的规格有一定的区别。例如，城墙砖的规格主要有三种：40 厘米×20 厘米×10 厘米、40 厘米×20 厘米×7 厘米、28 厘米×14 厘米×7 厘米。有时，客户可定制特殊规格。

溱东传统砖瓦制作技艺，尤其是城墙砖制作技艺在苏北里下河地区已有一定的知名度和影响力，并被推广应用到中国其他地区乃至国外，如：荷兰熊猫馆；南京总统府、南京集庆门城门楼（修缮）、江南贡院、南京莫愁湖公园、丹阳张家大院、兴化北门城门楼、高邮北门瓮城遗址、宿迁项王故里城墙、淮安周恩来故居、盐城陆公祠（修缮）、大丰中华水浒园门楼及镇街道（维修）、大丰草堰仿古一条街、东台西溪宋城城墙楼、东台西溪广福寺等。

◆ 上　滴水瓦

◆ 下　传统砖装窑

溱东老鹅烹制技艺

溱东地处东台市水乡腹地，镇内河流纵横交错，水质优良，水生物众多。河边青草繁茂，有饲养优质生态老鹅得天独厚的自然条件。

溱东老鹅是一道名扬大江南北的特色菜肴，其肉质细嫩、色泽美观、香味浓郁，深受大众喜爱。其烹制技艺传承至今已有 100 多年的历史。溱东老鹅不但口味独特、胆固醇含量较低，而且集优质蛋白质、低脂肪，以及较高的磷、铁、钙等营养元素于一体。中医认为，鹅肉有补阴益气、暖胃生津和缓解铅毒等功效，对脾虚水肿、胃虚消渴、肾虚气短、肺虚咳喘均有一定的辅助疗效。

溱东老鹅选材讲究，主要表现在以下几点：一是选用生长期在 1 年以上的老鹅；二是挑选生长在大河边、树林深处的生态老鹅；三是用土灶慢烹，不用猛火催熟；四是除老酒、葱、姜，以及自家配制的酱油外，绝无其他调料。

具体烹制方法如下：

（1）取鲜活老鹅 1 只，宰杀后将内脏扒出，鹅血放入器皿。将鹅肠、肫剖开洗净，鹅清洗干净、剁块，加入少量食用油、盐，炖熟。

（2）将炒锅烧热放入油、生姜、葱、干辣椒煸炒。

（3）放入老鹅、鹅肠、肫煸炒，将水汽炒出至老鹅出油。

（4）加入自制酱油、料酒，文火烧熟。

（5）起锅时放入青椒即可。

烹制溱东老鹅要注意以下几点：

一是要用老土灶。老土灶最大的优点就是不加燃料后，灶膛中还有余热，以余热慢慢烹制，让锅中食材的营养精华充分析在汤中，味道的层次自然丰富无比。当然，慢火亦不能太过，过之则味失。

二是不能加高味调料。高味调料会把食材的主要味道淹没，导致鹅特有的鲜味荡然无存。

三是起锅时一定要加少许青椒。青椒性温，清而不烈，往往能起到高调鲜味之功效，使老鹅的风味不同凡响。

当前，溱东老鹅烹制技艺的主要传承人有王志凤、王国栋、王寿喜、王芹、刘永勤、刘宸君、周根明。有的传承人自开溱东老鹅品牌饭店数家。有的传承人则着手建立溱东老鹅的养殖基地，存栏量达到 1 万羽；同时还建立了老鹅的育种保种基地，并进行选种育种，培育品质优良的溱东老鹅，并配套相关服务设施，为老鹅提供良好舒适的生存环境。他们都致力于将“溱东老鹅”事业做大做强，让溱东老鹅烹制技艺传承下去。

◆ 上　溱东老鹅

◆ 下　溱东老鹅养殖基地

溱东丫须笼制作技艺

溱东镇地处苏北里下河碟形洼地平原东部边缘。镇内一马平川，土地肥沃，素有“鱼米之乡”的美誉。溱东居民“靠水吃水”，制作了水产品捕捉、养殖的相关器具。而黄鳝作为里下河地区的水产品之一，同样也有相应的捕捉工具——丫须笼。溱东丫须笼制作技艺主要传承于溱东沈氏家族，距今已有100多年的历史。

溱东丫须笼长2尺（约67厘米）左右，直径8~9寸（27~30厘米），笼的两端有口：一端为进口，进口处呈喇叭形状，黄鳝易进难出；另一端为盖口。丫须笼也可两端设进口，中间为连接处。根据黄鳝昼伏夜出的习性，选择有黄鳝活动的河沟、堰塘、河汊等水域放笼，在笼中放置蚯蚓作诱饵。傍晚，沿着有黄鳝出入的水域安放丫须笼。一般将整个丫须笼横放在离岸边一米以外的水中，临水的树根旁、石缝边、涵洞里，以及有水草的地方。丫须笼的约四分之一露出水面，在上面盖些水草。这样，晚间黄鳝四处觅食时就会进入笼内。第二天清早收笼，就会发现笼中有很多黄鳝。一般一只丫须笼中一夜能有数十条黄鳝。

中华人民共和国成立前，制作丫须笼的材料为本地出产的芦柴。芦柴田被开垦后，人们通过水上交通从苏南购回竹子，加工制作丫须笼。党的十一届三中全会以后，农村经济政策得到落实，农民生产丫须笼的积极性空前高涨，家家户户编织丫须笼，并销往全国各地。1987年，罗一村、罗二村编织丫须笼的有665户，1566人，年产量2420万只，产值140万元，纯收入69.5万元，人均收入445元。

现存的溱东丫须笼有两种：一种是“独笼”，也称“一字笼”，是比较传统的一端为进口（有倒须），另一端为盖口的笼；另一种是“牛角笼”，也称“7 字笼”或“直角笼”。牛角笼的特点为“三须一盖”。其三端有口，离笼身 3 厘米处有出口倒须。两端有倒须口的笼身，直径基本相等。从出口倒须开始，将笼身逐步编成喇叭口状，使黄鳝聚集在笼内。出口小盖由竹篾劈成的长 1.5 米左右的篾丝围绕模型编制而成，将其固定在盖口上，扎好扣紧，能开能盖，可使黄鳝不轻易逃脱。

随着时间的推移，规模养殖黄鳝占领了市场。这种传统捕捉黄鳝的器具使用率随之降低，掌握这种制作技艺的人也越来越少。现在只有少数农民会用竹篾或塑料打包带制作丫须笼。

当前，溱东丫须笼制作技艺的主要传承人是沈春英和王进华。

溱东丫须笼

唐氏酥糖制作技艺

清咸丰七年（1857年），唐氏先祖唐昌盛在东台西溪镇上开了一家茶食店。其自产自销的茶食美味可口，选料讲究，做工精细，被人们称为茶食珍品，名震扬、泰、通三州。其中，唐氏酥糖更是名闻遐迩，销遍苏中。第二代传承人唐启楼秉承父亲衣钵，专门从事酥糖、大糕、京果、麻饼、茶馓、桃酥等的生产和销售。在制作主打产品唐氏酥糖时，他精心选料，主要原料有花生、芝麻、桃仁、花生油、猪油、白糖，辅料有桂花、陈皮等。他对制作程序也有严格的要求，对加糖、加油的顺序以及糖、油的比例十分考究。若糖加少了，则成品口感较差、索然无味；若糖放多了，则易发糊变焦、产生苦味。若油加少了，则无酥感；若油加多了，又会松散。因此，制作程序丝毫来不得半点马虎。民国期间，第三代传承人唐国余在东台宁树街开设唐氏茶食店，以制作唐氏酥糖而见长。中华人民共和国成立后，第四代传承人唐存淮继续制作唐氏酥糖，并逐步增加品种。20世纪90年代，唐氏茶食店已经传到第五代传承人唐登源手中。唐登源在秉承家族传统技艺的基础上，刻苦学习，并先后赴广东、苏州、北京、上海等地交流学习，创办了东台市红旺食品制造有限公司，专门生产唐氏酥糖，代表产品有花生酥糖和芝麻酥糖。他在原有的基础上科学配方，利用精确的数据，将酥糖的制作步骤、熬糖的时间都控制到最佳，达到“咀嚼一方糖，咽而即消爽，细嚼丹桂美，甜酥留麻香”的效果。唐登源凭借制作酥糖的绝技，让这流传一百多年的家族技艺历久不衰，并发扬光大，使唐氏酥糖成为享誉苏中一带的著名茶食。

唐氏酥糖的制作需要经历配料、选料、炒料、化糖、扒丝、抻条、压板、切块、烘干、晾糖、包装 11 道工序，每一道工序都要精雕细琢，每一颗酥糖的外形、气味、口感都要严格把控。

唐氏酥糖的制作技艺包括筛、吹、洗、拣、捞、炒、熬、搅、压、切等多种工艺，历时约三小时，成品口感甜、香、酥、脆，保持了芝麻和花生的原味。

唐氏酥糖为纯手工制作，工艺精湛、口味独特，广受群众欢迎，成为里下河地区的特产。逢年过节或遇民间喜庆之事，人们都用它作为礼品馈赠、款待客人。

◆ 上　酥糖制作工具

◆ 下　唐氏酥糖

许河猪头肉制作技艺

许河猪头肉，俗称烧腊子、熏烧猪头肉。经过近 120 年的工艺演变，许河猪头肉逐渐与传统意义上的熏烧、酱制品有所区分，现已发展成为典型的卤煮特色食品。

清嘉庆二十三年（1818 年），盐阜地区东台富安场至三仓河间的“许家河”成为许河镇地名的由来，许河人建成河码头，沿河而居，逐渐形成自然的集镇。民国初年，许河集镇上已经出现烧腊子。小街上较有名气的四家摊点分别是东街的许家烧腊摊、北街和西街的杨家烧腊摊、南街的崔家烧腊摊。小吃盛行与当时的物资匮乏有相当大的关系。市面上质量好的猪肉价钱贵，普通农民更趋向于买便宜的烧腊子。这便促进了烧腊子的普及，“许河猪头肉”应运而生。光绪二十一年（1895 年），时属扬州府东台县杨卢乡仲家沟（今属许河镇）的崔宗林出生。他在世近 70 年，生性开朗，喜欢喝酒交朋友，常备猪头肉作下酒菜。他儿子崔广虎的内弟仲兆文深受其影响，后来成为许河猪头肉第二代传承人。

1978 年，仲兆文的外甥崔世湧接手“许河猪头肉”店面，传承了这一传统技艺。直到 2000 年左右，崔世湧的女婿朱健进一步传承了“许河猪头肉”的传统制作技艺。

许河猪头肉的制作流程如下：

（1）白宰猪头去毛。首先用松香、沥青粗加工去毛，然后手工精细去毛。如今，白宰猪头统一由屠宰企业机械化作业去毛，辅以人工补充去毛。

（2）分割。将去毛并清洗干净的白宰猪头进行分割，每颗猪头都被一分为二，再二分为四。猪头的上脸、下巴分别被分割成两块，猪耳朵和猪舌头也相应分割下来。

（3）清洗、漂洗。将白宰猪头分割下来的块件，分别进行清洗。清洗干净的标准是皮肉白净，血丝黏液去净，脑髓脑脊液、鼻腔黏液用刀劈开并清理干净。将完成上述工序的白宰猪头块件统一放在清水中，浸泡 24 小时左右。漂洗干净的标准是浸泡过猪头的水几乎保持原样，透明洁净。

（4）炖卤。使用传统土灶、大铁锅、50 厘米高的不锈钢锅围。一围锅炖卤约 100 千克白宰猪头原材料（约 18 颗猪头）。围锅中白宰猪头块件以淹在老卤中方可开始炖卤。

（5）老卤去油加水。直到目前，许河猪头肉特制的老卤总共才有两锅。从初创到后来东街、北街和西街的摊点，用的都是第一锅老卤；南街崔家第三代传承人崔世湧独立经营时，于 1978 年又熬制了一锅卤汤，使用至今，从不更换。老卤的主要成分只有食盐、八角、生姜、清水，别无他物。老卤的使用是有规律的，每天炖卤后必须将老卤起锅，清理掉油膏、碎骨、肉松等杂质，只保存纯粹的老卤汤，留着翌日再用。在老卤中下白宰猪头块件时，一同添加固定量的食盐、八角、生姜和清水。经过文火炖煮，老卤量渐渐减少，但以每锅来计量，当老卤量明显减少时，立即添加清水，以保持老卤量的平衡。

许河猪头肉本色本味，口味咸淡适宜、肉质绵软酥烂，外观鲜嫩圆润，质地极富弹性。因为炖卤后脱去了油脂，所以瘦肉不干，肥肉不肥。“许河猪头肉”成了名副其实的胶原蛋白，食之不易长胖，也不会导致高血压、高血脂等疾病。

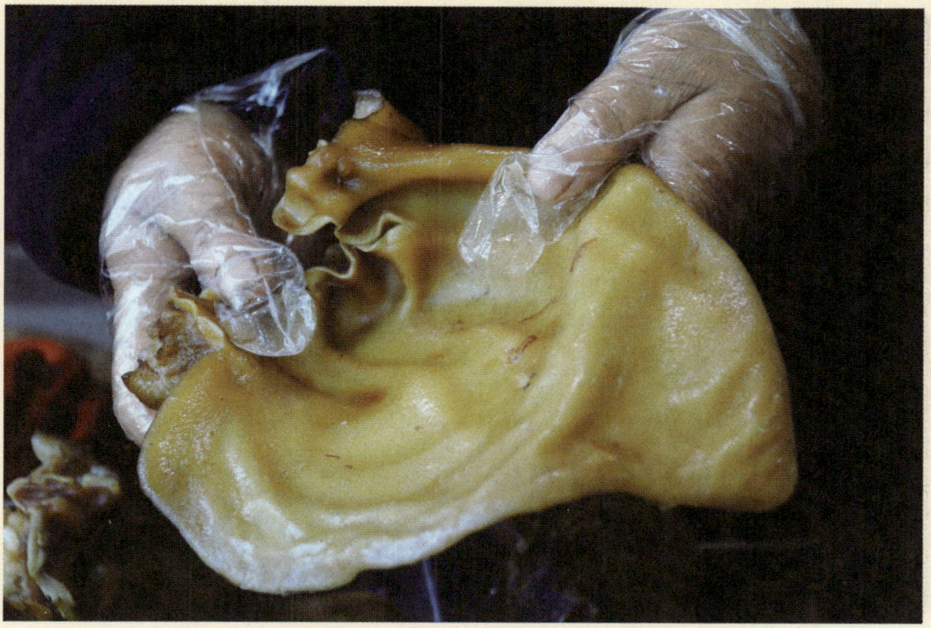

◆ 许河猪头肉

裕德昌八珍糕制作技艺

历史上，东台裕德昌中药店炮制的八珍糕颇负盛名。其特点是药食同源，有利于病体康复、老人益寿、小儿消滞，因此为人们所称道，闻名遐迩。

裕德昌中药店，开设于清光绪年间（1875—1908 年），是东台城的一爿（pán）百年老店，最初以丸散、药酒、八珍糕为特产。据说店主复姓诸葛，祖先是浙江人，咸丰年间（1851—1861 年）为避兵事，迁居如皋，一家人生计困难，幸得庞姓师傅传授制八珍糕和泡药酒秘方，于是设铺经营。后于光绪年间移居东台城。由于经营得法，生意越做越红火。1921 年 10 月，裕德昌中药店将其产品送到南京参加全省地方物品展览会，经评审合格，获得奖章和奖状。从此，裕德昌名声大振。裕德昌中药店生产的八珍糕也在原有配方、制作的基础上加以改进，全部采用上等粳米，加上黄芪、党参、莲子、淮山药、五谷虫、鸡内金、薏仁、芡实 8 种药物，再配以燕窝、白糖、猪油进行炮制。改进后的八珍糕不仅口感好，而且补血气、健脾胃、消积滞，强身健体、延缓衰老。

八珍糕的制作工序较为繁复，以上等粳米为原料手工制作。取米粉 9 千克，加白糖 6 千克，拌和党参等八珍药物和燕窝等食品共约 0.5 千克，再放少量猪油，外加 2.5 千克水。这样配一料，叫一作，可制成糕坯 18 千克。

当时，东台城几家中药店竞相仿制八珍糕，但其产品均不及裕德昌的货真价实。裕德昌老板为独树一帜，又不惜成本，用上等毛燕（优质燕窝）作配料，进一步提高八珍糕的质量，从此声誉更高。

八珍糕集糕点与滋补中药于一体，糕香、药香相衬和谐，恰到好处，口感甜而不腻，疏松爽净，聚而不散，酥松适度，干吃爽口，开水泡食不粗不腻、稠和香甜。

八珍糕传承谱系如下：

第一代，诸葛裕（1845—1925 年）；

第二代，江汉青（1902—1992 年）；

第三代，吴步银（1915—1998 年）；

第四代，曹吉学（1965— ）；

第五代，曹恒玮（1990— ）。

八珍糕

真丝地毯织造技艺

公元前一千年左右，手织地毯开始作为一种高级工艺品进行交易。地处中亚的土耳其是东方手织地毯的发源地之一，是生产东方手织地毯的摇篮，也是贯通丝绸之路东西的交界点。经由丝绸之路，手织地毯的技艺传遍了世界各地。中国的蚕丝作为高级的原材料，也被运往西方并逐渐运用到地毯织造技艺中。手工真丝地毯应运而生。

手工真丝地毯以桑蚕丝线、柞蚕丝线为原料，通过传统的打结方法编织而成。其外观奢华，图案丰富，配色协调，毯面光亮柔滑，质地柔软耐用，抗虫蛀、防静电、无异味、不掉毛，具有极高的实用价值和艺术收藏价值。

唐代诗人白居易在诗歌《红线毯》中写道："染为红线红于蓝，织作披香殿上毯。……宣城太守知不知，一丈毯，千两丝。"这几句诗生动地刻画出当时安徽宣州上贡朝廷的红线丝毯的华美、昂贵，反映出当时手工编织技艺已经达到极为精湛的水平。

中华人民共和国成立后，中国织毯业迅速发展，地毯织造技艺得到改良和创新，形成了"新疆式""北京式""古典式""波斯式"等不同特色的图案设计和织造技艺。

受上海外贸、天津羊毛地毯、河南南阳丝毯等的辐射影响，东台早在 20 世纪 70 年代后期就已形成较为齐全的手工真丝地毯设计、生产、销售产业链。90 年代初，丝毯织造进入高峰时期，东台市地毯厂、东台市溱东丝毯厂和东台工艺美术厂成为丝毯织造的重点骨干企业。盐城市有丝毯从业人员上万人，各乡镇都有丝毯半成品加工点，年丝毯总产量超过 100 万平方呎（约 92903 平方米），销售额达 1 亿多元，产品远销日本、欧美等国家和地区，丝毯织造成为盐城市出口创汇、产业增收的重要支柱产业。近20年来，由于人工等费用不断上涨，盐城市生产手工真丝地毯的企业仅剩东台市通鑫地毯有限公司，江苏省其他市也只有如皋、句容各剩一家工厂，而且规模都已不足20人。

手工真丝地毯织造技艺繁复，主要有绘图、染线、挂经、编织、平剪、水洗、挽穗等工序。每件成品从设计到完工需要8~10个月。

1. 绘图

手工真丝地毯的图案主要有中式图案和波斯图案，多以古代名画、神话传说、《圣经》故事为题材。每种图案都有不同的寓意，如以石榴、仙桃、佛手组成的“福寿三多”图案，寓意多子多福多寿，其中，石榴象征多子，仙桃意比长寿，佛手表示佛佑得福。工艺师设计出地毯的花纹图样后，还要将它按照地毯的实际尺寸放大，制成蓝图。蓝图上面有一个个方格，每个方格用不同的符号标识，代表不同颜色的丝线。织造工人必须按照蓝图来编织。

2. 染线

地毯主要采用传统染色工艺，从天然植物、矿物中提取染料对真丝（主要是柞绢丝）染色，使真丝在自然常温下接受植物色素的附着，给真丝以一层极好的保护层，提高色牢度，同时应用现代化学合成染料，以增加色彩的多样性。

3. 挂经

其制作在长方形框架机梁上进行，将经线一根一根按照固定的距离绕在上下水平的横梁上。经线的疏密决定地毯的质地，经线越密，图案越细密清晰。

4. 编织

织造工人先用绒线编织长度为5厘米左右的平滑长条，然后对照蓝图，按照点格用不同颜色的丝线在经线上打结。接着用特制的小刀切断绒线，形成一个绒线头，织好一排后，拉经线，使前后经线形成交叉的纹路，在穿过一条粗纬线后用特制的铁梳子（耙子）拍打压实，然后拉经线形成反交叉的纹路，在穿过一条细纬线后用特制的耙子拍打压实，用剪刀将一行绒线头剪齐，这样便织成一行了。地毯的编织就是由点到线，由线到面，一点一点地成型。地毯编织是一个长期的过程，编织一张地毯往往需要几个月甚至几年，有时还需要几个人共同协作完成。

5. 平剪

编织完以后，工艺师按照织毯的图案，通过平毯机器及人工平剪等方式，掌控位置、深浅、角度，修剪出平滑、凹凸的立体效果。

6. 水洗

通过水洗地毯，可以去除编织过程中堆积的灰尘和污垢，还可以使真丝地毯散发出美丽光泽，颜色也会变得更柔和或古色古香。

7. 挽穗

根据每张地毯的花色尺寸进行挽穗，使真丝地毯不易脱落稀边。

这样，一件精美的手工真丝地毯就完成了。

真丝地毯的功能主要有以下六个：

1. 装饰功能

真丝地毯质地丰满，外观精美，具有丰富的图案和色彩。真丝地毯与家具、墙面及其他装饰品构成一幅和谐、舒适的画面，显得端庄富丽。选用不同花纹、不同色彩的真丝地毯，能营造各具特色的环境气氛：大型厅堂的庄严，学馆会室的宁静，家居房舍的温馨……真丝地毯在不同环境中扮演了举足轻重的角色。

2. 保健养生功能

手工真丝地毯中的真丝含有人体所需的 18 种氨基酸，与人体皮肤所含的氨基酸十分相似，因此真丝材质也被称为人类的第二皮肤。真丝地毯具有防紫外线辐射、抵抗有害细菌、防御有害气体入侵、促进皮肤细胞新陈代谢、增强体表皮肤细胞活力等优点。

3. 环保防虫功能

真丝地毯的原料为天然蚕丝，无任何化学添加成分，不会散发甲醛等有害物质。真丝地毯的真丝纤维有两层：里层是丝素，成分是天然动物蛋白；外层是丝胶，具有防止丝素被微生物侵蚀的功效，还可以防止螨虫滋生。

4. 保暖调节功能

真丝地毯由保温性能良好的真丝织成。室内大面积铺垫真丝地毯可以减少通过地面的热量散失，阻断地面寒气的侵袭，使人感到温暖舒适。测试结果表明，在装有暖气的房内铺垫真丝地毯后，保暖值比不铺地毯时增加 12%左右。此外，真丝地毯织物丝线之间的空隙具有良好的调节空气湿度的功能。当室内湿度较高时，它能吸收部分水分，防止地面潮湿对人体造成伤害，如患关节炎等；当室内较干燥时，空隙中的水分又会释放出来，使室内湿度得到一定的提升。

5. 吸音降噪功能

真丝地毯的丰满质地与凹凸不平的表面具备良好的吸音效果，能适当减少噪声。由于真丝地毯吸收声音后，减少了声音的多次反射，从而改善了声音的清晰程度，因此室内的收、录音机等音响设备，效果更为清晰和悦耳。此外，在铺垫了真丝地毯的室内走动时脚步声也会变小，周围杂乱的音响干扰减少，有利于形成宁静的居室环境。

6. 舒适温馨功能

人们在硬质地面上行走时，脚掌着地力以及地面的反作用力使人感觉不舒适，容易疲劳。铺垫真丝地毯后，由于真丝地毯是富有弹性纤维的织物，丰满、厚实、松软，因此在上面行走会产生较好的回弹力，令人步履轻快，感觉舒适柔软，有利于消除疲劳和紧张感。在现代居室中，钢材、水泥、玻璃等建筑材料的应用给人以生硬、冷漠之感，而真丝地毯的铺垫消减了这种感觉，使人的生活环境更加温馨、舒适。

真丝地毯织造技艺以师徒相授的方式延续传承，当前主要传承人有梁俊德、周宏庆、梁海梅、陆月萍、吴连英、陆凯。其中，梁俊德是高级工艺美术师、江苏省工艺美术行业协会理事，已从事手工真丝地毯行业40余年。

真丝地毯

◆ 织造真丝地毯场景

麻虾酱制作技艺

麻虾酱是人们十分喜爱的水产食品，价廉味美，食用历史悠久。麻虾又名糠虾，盛产于沿海地区海水与淡水交汇处，以及水质未被污染的水域。麻虾酱以鲜麻虾为主要原料，辅以精盐、食用油、黄酒、香辛料等十多种佐料配合发酵，经规范化工艺流程精制成罐头，味道鲜美、营养丰富，保鲜期长达12个月，开罐即食。麻虾酱有原味、淡辣、麻辣、咸辣等类型，是火锅、米饭、面食、大饼的最佳佐料。

麻虾酱制作技艺分布区域——东台市弶港镇，系苏北四大渔港之一、黄（渤）海第一期世界遗产湿地核心区，被联合国教科文组织誉为太平洋西岸唯一一块未被污染的地方。

约500年前，麻虾酱制作技艺传承人徐卫东的祖先从苏州阊门到麻虾资源丰富的东台里下河地区定居，捕捞麻虾晒制成咸麻虾，一年四季佐餐。20世纪50年代，徐氏举家迁至弶港。该地既有河麻虾，也有海麻虾。徐卫东之父徐传生发扬祖传手艺，将所制麻虾免费赠送给乡间邻里，获众口称赞。1982年，徐传生潜心研究，采用工厂化生产流程，将麻虾由晒制改为工厂化生产，使之走向市场。

麻虾酱营养价值极高，每100克食物中含有233千卡（约975千焦）能量、19.1克蛋白质、1.8克脂肪、1克脂肪酸、120毫克胆固醇、0.3克饱和脂肪酸、35.1克碳水化合物、490毫克钙、410毫克磷、350毫克钾……

麻虾酱的主要原料是麻虾，配料有精制食盐、洋葱、食用油、麻油、黄豆酱、辣椒、味精、生姜、黄酒、香辛料、淀粉等。

制作技艺流程：处理原料、清洗、沥干、熬煮、装罐、包装、杀菌冷却、察听保温、成品二次包装、成品抽检。

目前，麻虾酱制作技艺的主要传承人是徐卫东和姜伯成。

麻虾酱

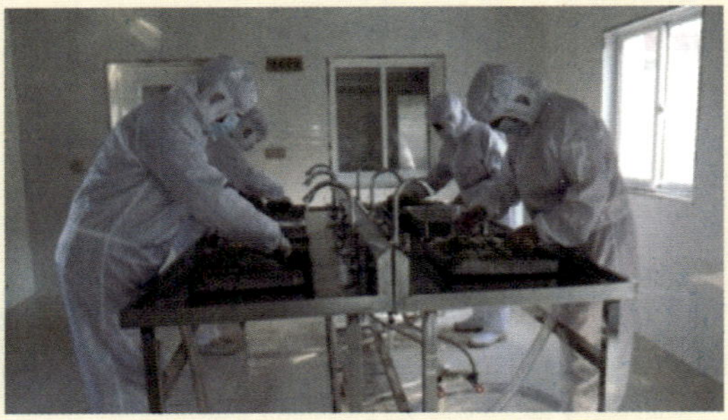

处理原料

清洗

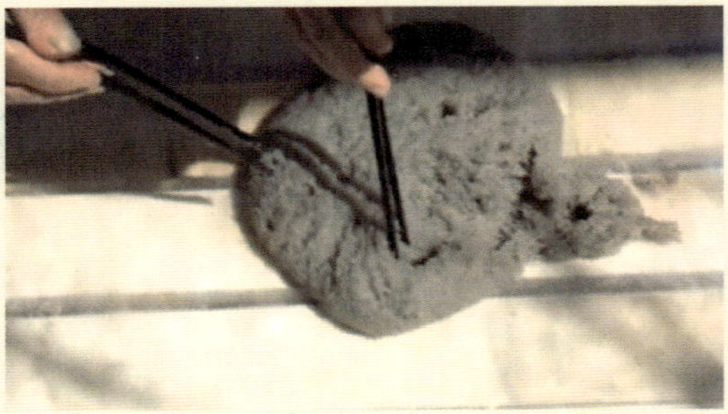

沥干

熬煮

装罐

杀菌冷却

送检

成品抽检

麻虾酱制作过程

三仓酱菜制作技艺

三仓镇历史悠久，古有盐商在此建灶煮盐，设立盐仓，三仓由此得名。明末清初，三仓由扬州府东台安丰场管辖。民国三年，盐商在此设盐仓经营出售，因此地交通发达，经济繁荣，故形成集市，即“三仓街”。

三仓以种植瓜果蔬菜闻名。全镇每年种植的瓜果蔬菜占地面积稳定在23万亩以上。从前因无冰箱和恒温储存设施，新鲜蔬菜无法长久存放，于是老百姓便把一些蔬菜用盐腌制储存，经代代相传并不断改进腌制工艺，从而形成了风味独特、久负盛名的三仓酱菜。

我国制作酱菜始于周代以前。古籍中的“菹”字，指将食物用刀子粗切，也指这样切过后做成的酸菜、泡菜或用肉酱汁调味的蔬菜。至汉以后，“菹”字泛指加食盐、醋、酱制品腌制而成的蔬菜。1971年，湖南长沙马王堆汉墓中出土的豆豉姜，是我国迄今发现的最早的酱菜实物，是世界上贮藏最久的酱菜。北魏贾思勰在《齐民要术》一书中记载的“菹”有数十种，大多是盐醋制品，这成为酱腌菜工艺史上极其重要的史料。东汉郑玄对《周礼・天官・醢人》中的“七菹”注：“韭、菁、茆、葵、芹、箈、笋菹……凡醓酱所和，细切为齑，全物若牒为菹。”东汉许慎在《说文解字》中云：“菹，酢菜也。”南朝梁代宗懔在《荆楚岁时记》中曰：“仲冬之月，采撷霜芜菁、葵等杂菜干之，并为咸菹。”至明清时，酱腌菜水平达到最高点，品种极为丰富，这是我国人民对人类饮食文明特有的贡献。

三仓酱菜制作技艺已有160多年的历史。咸丰年间，杨氏家族东迁至东台沿海地区，过着盐民生活。他们利用本地食材以传统手法制作的酱菜深受群众欢迎，于是专业生产酱菜，沿袭至今。

改革开放后，三仓镇政府建立了镇办企业——岔河酱厂，传承传统技艺，博采众长，把三仓酱菜推上了新的高峰。2020年，岔河酱厂经改制成为东台市浩鑫食品有限公司。公司继承老厂技艺并结合当代人的饮食习惯，重点开发既保持浓郁酱香又减少盐分含量且适合大众口味的产品。

三仓酱菜相关制品有萝卜干、酱黄瓜、酱莴苣、蒜头、雪里蕻、什锦菜等。制作方法如下：选用三仓本地生产的瓜果蔬菜，如葵花芋、乳黄瓜、白萝卜、大头菜等，精心挑选并清洗后用食盐腌制，然后密封让其充分发酵。将发酵后的半成品切成条、丝、片、丁、角、块、罗丝、佛手、兰花、菊花等形状，即可食用。

三仓酱菜作为东台三仓地区的老字号，不但是本地土特产之一，还成为全国许多家庭的必备小菜，具有很高的历史文化价值、营养保健价值和品牌价值。

目前，三仓酱菜制作技艺的主要传承人有黄俊林、黄用存、黄浩。

◆ 三仓酱菜

巴斗三鲜包制作技艺

巴斗渔村东临黄海，毗邻黄海森林公园、条子泥风景区，风光怡人。中国第一支海上武装力量就从这里起锚远航，巴斗“起锚地”也因此被载入人民海军军史。

巴斗原先是没有三鲜包的，后来张謇来海边兴办大赉公司，种植玉米和小麦。渔民开始用面粉、虾仁、螺蛳、文蛤等食材做鲜美爽口的包子。

巴斗渔娘三鲜包有着很深的红色印记。1946 年 10 月，华中九分区掘港榴弹厂肩负使命，秘密迁址潮墩渔村——巴斗。小小渔村里，30 多户贫苦渔民主动腾出自家的茅草屋，给子弟兵们开设榴弹厂。渔娘们目睹指战员为了抢时间、赶速度生产前线急需的榴弹而废寝忘食，就用文蛤肉、白虾肉、香螺肉掺和一些潮滩野菜做成三鲜包子，送到各个车间，保证了官兵们在高强度体力消耗后的食物补充。巴斗渔娘三鲜包汁多、肉鲜、味美，营养丰富，使人食之难忘。

在长期的生产实践中，巴斗人不断摸索、创新，在原有食材的基础上又加进蟹黄、蟹肉、皮冻等食材，使三鲜包更加鲜美可口。

现在的巴斗三鲜包制作流程如下：和面醒面、制作汤包馅、手擀面剂子、包馅、上笼蒸包、出笼。其中，制作汤包馅是重要的环节。首先准备比例为 1∶1 的蟹黄蟹肉、葱油 1 千克、姜末 0.75 千克、豆油 6.5 千克、盐 25 克、糖 200 克，文火熬制两个半小时，熬制过程中看着锅里的泡沫由大变小，颜色由淡黄色变成焦糖色，再到深咖啡色，出锅冷却待用；然后把准备好的三分肥七分瘦的新鲜猪肉洗净，肥瘦分开，打成肉泥，分别在肥、瘦肉泥中加入适量的盐、味精、鸡精、白糖、鸡蛋、五香粉、小胡椒、黄豆酱、生抽、老抽、麻油、文蛤汤、葱、姜、生粉，再分三次加入文蛤汤（将所有调料和文蛤汤混合在一起），搅拌；接着放入皮冻搅拌，最后加入熬制好的蟹黄蟹肉。整个汤包馅就制作完成了。

上述皮冻的熬制过程如下：

（1）挑选上好的生猪皮，洗净随冷水下锅，放入姜、葱、料酒煮开，取出再次清洗干净。

（2）将猪皮放入绞肉机，加入姜、葱，绞成泥。在锅中放入约为皮泥4倍的水烧开，倒入皮泥，大火煮开，转小火熬2小时左右。2.5千克猪皮大约能熬出10千克皮冻。

（3）将皮冻冷却后切块，用绞肉机绞碎待用。

目前，巴斗三鲜包的主要传承人有崔业英和祁兰芳。

巴斗三鲜包

富安桑茶制作技艺

富安桑树的种植起源于唐朝，距今已有一千多年的历史。富安桑蚕生产则始于明清，兴于20世纪80年代。20世纪80年代中期，富安成为全省第一家蚕茧改革试点单位。此后，富安蚕桑生产出现爆发式增长，桑园面积达5万亩，蚕茧产量达14万担，连续30多年居全国乡镇之首，形成了“富安模式”，被誉为“中国茧都”。桑茶作为蚕桑生产的副产品，也成为人们养生治病的饮品。

《本草纲目》中有记载：桑叶煎汁代茶饮，利五脏关节，通血下气，祛风凉血，明目长发，解热消毒。历代宫廷秘方和民间偏方中都少不了桑叶。现代科学检测证明，桑叶能够抑制肠道吸收胆固醇，并减少胆固醇在血管内壁的沉积，抑制肠内有害细菌的繁殖和过氧化物的生存，有清肠排毒、改善腹胀等功效。桑树喜光，喜温暖湿润的气候，气温在12 ℃以上开始萌芽，适宜生长温度为25~30 ℃。富安镇位于北半球中纬度，属北亚热带的气候带，由于紧邻黄海，受海陆季风影响显著，因此具有明显的海洋性气候，属湿润的季风气候。在这里种植的桑叶品质优良。

富安桑茶精选条形霜桑叶，冲泡后汤色金黄明亮，令人赏心悦目；味道甘醇可口，香气怡人，口感绝佳。富安桑茶不含任何色素及人工添加剂，富含多种微量元素及17种氨基酸，具有降压、降脂、延缓衰老、润肠通便等作用。

富安桑茶有几种制作方法：第一种是土制法。每年4月下旬，通过桑树摘芯增加产叶量，将摘下的桑芯用蒸笼放在锅上蒸熟，晒干装盒后贮存于冰箱中，以便全年饮用或作为礼品赠送给亲朋好友。第二种是绿茶制法。将采摘的桑芽经烤焙杀青、条索揉捻、烘晒干燥等工序，制成翠嫩馥郁的桑茶。第三种是红茶制法。养蚕结束后将多余的桑叶摘下，采用红茶的制作工艺流程，经过萎凋、揉捻、发酵、干燥后制成桑红茶，包装贮藏，可自己饮用或作为商品出售。

盐城普益食品有限公司是富安桑茶制作技艺项目的保护单位，其精心制作的“一答”桑茶备受人们欢迎。该桑茶的制作技艺有七道，即凉青、杀青、二次回凉（自主研发）、揉捻、烘焙、分选、包装。

桑茶具有多种功效，如美容养颜、降低血糖、消肿减肥等。

（1）美容养颜。长期饮用桑茶有很好的美容效果。桑茶中的多酚、胡萝卜素、维生素等可以改善和优化皮肤组织，促进新陈代谢，有效抑制色素沉着，减少产生和累积斑点或脂褐质皮肤。

（2）降低血糖。桑茶可以抑制人体内的糖分解，降低血糖。桑茶对降血脂也有效果，适合老年人饮用。

（3）消肿减肥。桑茶有良好的补水和消肿作用，副作用比普通利尿剂更小，人体在脱水的同时可排出体内多余的中性脂肪和胆固醇。

（4）抗炎杀菌。桑茶含有天然酚类、类黄酮、维生素 C 等成分，具有一定的抗炎杀菌作用，可防止病毒在人体内繁殖。

（5）改善免疫系统。桑茶中的胡萝卜素，可以改善免疫系统和胸腺机能，有助于增强免疫系统的整体功能。

桑茶虽然有很多功效，但是不适宜多饮，过度饮用会影响脾胃功能。

◆ 富安桑茶

东台传统四色点心制作技艺

东台早茶中的四色点心制作历史可以追溯至清咸丰、同治时期。其时，东台人早茶讲究“一茶四点一面”，其中四点一般指海味菜包、蟹黄肉包、三丁蒸饺、糯米烧卖。有时也有其他品种，如豆沙包、鲜肉包、五丁包、豆腐包、腐皮包等。人们还会根据季节做应季点心，如春天用野生荠菜做荠菜包，用鲜草头做草头蘑菇包；夏天用马齿苋做马齿苋包；秋天用捏颈萝卜做萝卜丝包；冬天用白菜做白菜包。其味道各具特色，清香宜人。

清末民初，东台城20多家茶馆每天在早市上供应各式茶水、小菜、点心和鱼汤面，生意兴隆。其中，“红兰别墅”“张复盛”“听雨”“兴汉馆”“余复兴”等较为出名。

1940年10月，新四军江南指挥部指挥陈毅在东台红兰别墅茶馆召开抗日民主会议。会后，他品尝了东台茶水、点心和鱼汤面。

1963年，时任中共江苏省委第一书记江渭清同志在东台考察。工作之余，他品尝了东台茶水和点心，特别在吃了早茶精髓鱼汤面后，多次向其他领导介绍说：“到东台不吃早茶，不吃鱼汤面，枉跑一趟。”

20世纪80年代初期，著名翻译家戈宝权先生在《中国烹饪》杂志上发表《回忆家乡味》一文，介绍了20世纪20年代东台早茶的盛况。

东台传统四色点心制作技艺独特，用料考究，色香味俱佳，主要分布在东台市区及安丰、富安、头灶等镇（区）的酒店、宾馆、饭店，并辐射周边盐城其他县级市及南通、泰州等市。

海味菜包：菜色翠绿，咸鲜适中，口感油润而不腻，皮壳膨松、花纹精美，暄松可口，包子折纹20~24道。

蟹黄肉包：白中透黄，卤鲜味美，咸鲜香甜复合味，皮壳膨松、花纹精美，包子折纹 20~24 道，包子收口呈鲫鱼嘴状。

三丁蒸饺：形似月牙，花纹匀称，呈半透明色，馅鲜汤润，咸鲜香甜复合味，花边折纹 10~12 道。

糯米烧卖：呈石榴状，皮薄馅足，洁白晶莹，糯米口感松软、清香、油润，咸鲜香甜复合味。

四色点心制作工序分别如下：

1. 海味菜包

原料：（以制作 30 只计）面粉 500 克，青菜 800 克，老酵面 150 克，开洋 30 克，水发香菇 20 克，菜油 200 克，麻油 10 克，精盐 50 克，食碱、白糖、味精适量。

（1）菜馅制法：将香菇、开洋等分别去皮洗净，改刀切成小丁。炒锅内放底油，将切好的香菇和开洋下锅略炒一下，加清水、盐、味精、少许白糖烧炝，放装盘冷却待用。将青菜洗净，入开水锅焯一次，捞出浸入冷水中凉透，再捞出淋去水分，切成细末，挤干水分，放入容器内，加入炒好的香菇和开洋，以及熟菜油、麻油、精盐，拌成海味素菜馅。

（2）菜包制法：取面粉 500 克，倒上案板，中间扒一个小塘，放进老酵面，再倒入温水（约 250 克），调成面团，揉匀揉透。为防止面团表皮干硬开裂，可用干净的湿布盖好，还须保持适宜的温度。待面发好后，加碱水揉至无黄色斑点，再用布盖上醒一会儿，然后搓成长条，分成 30 只面剂，用手掌拍成直径 10 厘米的圆皮。拍面剂时，应使圆皮四周稍薄，中间稍厚。将凉透的馅心放上案板，用竹刮子上馅，左手掌托住圆皮，掌心略凹，馅心放在圆皮正中。左手将圆皮平托于胸前，右手拇指与食指自右向左依次捏出 32 个皱褶，然后用右手的中指与拇指捏住皱褶的边缘不要离开，捏一次，略微向外拉一拉，使包子最后形成“颈项”，形如鲫鱼嘴。包子生坯上笼，置于旺火沸水锅上，蒸约 15 分钟（小包子只需 10 分钟），待皮不黏手且“鲫鱼嘴”内略汪出卤汁时即可出笼。

2. 蟹黄肉包

原料：（以制作 100 只计）面粉 1500 克，鲜五花猪肉 1800 克，猪皮冻 500 克，鲜蟹黄 600 克，鲜蟹肉 750 克，鲜生姜 100 克，香葱 100 克，酿造生抽酱油 150 克，食用盐 30 克，味精 10 克，绵白糖 30 克，黄酒 25 克，熟猪油 75 克，菜籽油 75 克，芝麻油 100 克，干酵母 10 克，无铝泡打粉 10~15 克。

（1）面粉发酵：用料配比为面粉 1000 克、干酵母 10 克、无铝泡打粉 10~15 克、绵白糖 10 克。

发酵方法如下：将酵母放入盆内，加少量温水，静置 35 分钟，以溶解酵母，激发酵母活性。将面粉置于案板上（或倒入盆内），用手将面粉扒开成窝状；在酵母盆内加入泡打粉和绵白糖，充分搅匀稀释，再加入 30 ℃左右的温水约 400 克，一并倒入面粉盆中。顺势用手沿面窝内侧拌和，使面粉呈松散状面块，3 分钟后再搓揉成面团，用干毛巾或面粉袋捂住保温（冬季宜用专用的薄棉被盖严），静置发酵 30 分钟。待面团内部完全起泡后，用双手反复搓揉，直至面团光滑筋道，再静置 10 分钟即可用于制作点心。大批量使用面粉发酵时，可使用和面机与轧面机对面粉进行搅拌与压制上劲。

（2）馅心制法：主要工序包括剥蟹、炒蟹、制作皮冻、和馅。

剥蟹：选用本地产活螃蟹，刷洗干净，上蒸汽锅蒸熟放凉。打开蟹盖，去除不能食用的蟹胃、蟹腮、蟹心、蟹肠，剔出蟹肉、蟹黄，分别盛放。

炒蟹：将炒锅置于旺火上，放入熟猪油、菜籽油，烧至七成热，再放入姜片、葱结，炸出香味后取出不用。将蟹肉放入锅内，炒 2 分钟，然后加入蟹黄，加食用盐 10 克、黄酒 10 克，再炒制 2 分钟，盛入盆中冷却待用。

制作皮冻：将 1000 克鲜猪皮刮洗干净，入沸水锅焯至卷曲取出，再次刮洗皮面，清理猪毛，去除肥肉及猪油。锅内放入 10 千克清水，投入洗净的猪皮，加生姜、香葱、料酒，煮至猪皮软烂，取出猪皮绞碎，再放入煮猪皮的汤内，加食用盐 10 克，继续煮至起稠，撇去表层浮沫，倒入平盘（或盆）中冷却，用时用刀切取需要的量。

和馅：将猪肉与皮冻分别绞成茸，放入盆中拌匀，加酱油、黄酒、食用盐、味精、绵白糖、芝麻油等调料一同搅拌，直至黏稠，即成馅心。

（3）制包：自发酵面揪剂擀皮，刮入肉馅，再挑入炒好的蟹黄蟹肉，捏包收口成形，折纹在 20 道以上。

（4）蒸制：将包子放入竹制小笼，用蒸汽锅蒸约 10 分钟，至包子上口湿润、汤汁外溢、皮不黏手，即可食用。

3. 三丁蒸饺

原料：（以制作 100 只计）面粉 1500 克，猪肋条肉 500 克，熟鸡肉 100 克，笋丁 100 克，白糖 50 克，酱油 75 克，虾籽 5 克，葱、姜、米适量，食碱 7 克。

（1）馅心制法：将猪肋条肉洗净、焯水，放入汤锅，加入葱、生姜，煮至七成熟，用竹筷能轻松戳进时，捞出放凉，改刀成 0.7 厘米见方的肉丁。将熟鸡肉切成 0.8 厘米见方的鸡丁，熟笋改刀成 0.5 厘米见方的笋丁。另将炒锅上火，放入底油，投入葱、生姜、米炸一下，然后倒入切好的三种丁子煸炒，再倒入酱油、白糖、虾籽，加适量鸡汤或肉汤，大火煮开，用中火煮至上色、入味，改用大火加湿淀粉勾琉璃芡，上下翻动使三丁充分吸收卤汁，盛起放凉备用。

（2）面皮制法：将面粉置于案板上，在中间扒开的面塘内加沸水 60 克，将 200 克面粉拌和成雪花状，稍凉后，加入清水拌匀成团，分成小块，约 10 分钟后，再合成团状反复搓揉，直至面团光滑绵软有韧劲。将面团压扁切开，搓成长条，揪成面剂，压扁后用橄榄形小面杖将其擀成中间厚、周边薄的圆形面皮，直径为 7~8 厘米。

（3）制包：将面皮托于左手，右手执匙刮入三丁馅，左右手配合，包捏成带有花边的月牙形状。

（4）蒸制：将包好的饺子放入小笼，上蒸锅旺火蒸约 6 分钟，即可食用。

4. 糯米烧卖

原料：（以制作 20 只计）面粉 250 克，糯米 500 克，熟猪肉 150 克，冬笋丁 60 克，冬菇丁 50 克，猪油 200 克，酱油 50 克，白糖 30 克，葱、姜、米少许，精盐、味精适量。

（1）馅心制法：将糯米洗净，放到热水中浸泡，1 小时后捞出，上笼锅蒸熟待用。将猪肉切成小丁，炒锅上火，放入少量猪油，葱、姜下锅炸一下，随后放入肉丁煸炒，待肉炒散时，放入冬笋丁、冬菇丁、酱油、白糖，然后放入少许清汤，待锅内卤汁烧开后，倒入蒸好的糯米，收汁后，再放入猪油炒拌，盛起加入味精制成馅心。

（2）烧卖制法：将面粉用 100 克温水和成面团，稍后搓成 20 只小剂，按扁面剂，用单饺杆擀成中间厚周边薄、边皮呈菊花瓣形状、直径约 8 厘米的圆形烧卖皮。左手托住烧卖皮，右手刮入馅心，然后用单手或双手将烧卖从四周向上向中间捏合，形成略扁的石榴形状，立放于笼内即成糯米烧卖生坯。包制时注意收口要整齐，口要微张开。全部包好后，上笼蒸约 10 分钟，至表皮全部成熟，没有生面即可。

目前，东台传统四色点心制作技艺的主要传承人有徐正宽、毛胜武、徐用军、屠书丽、邱丽华、周海峰。

海味菜包

蟹黄肉包

三丁蒸饺

糯米烧卖

◆ 四色点心

蹲门大饼制作技艺

弶港镇蹲（cún）门村东临黄海，南接金东台农场，西与省国营新曹农场接壤，北与大丰麋鹿自然保护区毗邻；1942 年建村，1958 年改为弶港大队蹲门中队，1966 年改为蹲门大队，1985 年改为蹲门居委会，2000 年与新曹镇的蹲西林场合并，成为新的蹲门居委会。

蹲门大饼是蹲门当地的一种传统点心，由面粉制成，大若蒲扇，色泽金黄，表皮脆嫩，入口香甜且极有韧性。

最初的蹲门大饼称作“敬神饼”。相传老百姓为祈求海神保佑蹲门平安，常用大饼和美酒供奉神灵。

20 世纪 40 年代，新四军一师后方医院和华东野战军第十一纵队医院先后开设在蹲门广袤的滩涂上。蹲门、中舍、北舍百姓用草盖成简陋的“丁头府”作为野战医院的手术室、治疗室、康复屋。

为了对付日伪军的频繁扫荡，确保伤员的安全，野战医院化整为零，以每个伤员组为单位，分散隐蔽在北舍、中舍、蹲门等庄舍上。当地渔家女周存英，逐家逐户串门联络，组织起拥军小分队。10 多名渔家姊妹日夜照顾伤员，经常用家中的米面煮米粥、做大饼。此时的蹲门大饼又唤作“支前饼”“拥军饼”。

战争结束后，由于蹲门大饼方便携带和储存，当地老百姓多把大饼当作日常出海劳作时携带的干粮。此时的蹲门大饼又被称为“鱼水饼”“冷锅饼”。

做冷锅饼是个慢功细活儿，需要有十二分的耐心和毅力。首先把干面和上水，添上发糕，再捂上棉被，等它慢慢发酵。第二天半盆面涨成满盆。在大铁锅锅底烧火，锅内抹油，把发好的面倒进去。整整一盆面在一口锅里烤，火大了，外焦内生；火小了，外皮不熟内里也不熟。因此，铁锅必须微热，灶膛内只有一些火星，添火的时间间隔全凭技巧和悟性。

蹲门大饼的成功之处就在于把冷锅饼的制作技艺发挥到了极致，既在原有基础上改进大饼成分，提升口感，又巧妙地运用现代“流水线”模式增加产量。产量大了，口味却不能有一丝瑕疵，这就需要对火候、温度、时间等细节拿捏得恰到好处。

做蹲门大饼有三点最为奇特：其一，一年四季中发酵所需水温不同。夏天水温为 50~60 ℃，冬天水温则需达 90 ℃，因为水一旦进入面中温度就会降低，若低于某个温度，做出来的大饼就会口味欠佳。其二，做大饼也要懂得一张一弛。发酵后的大饼得先做个“热身运动”，在六个锅中循环“热身”，这样既保证了大饼在每个锅中的“热身”时间，又保证了大饼的流水线生产。其三，最为称奇的当数做大饼时对时间的把握“度”。一缸面从发酵到制作完成必须在指定的时间内完成，每个环节都有严格的时间限制。一缸面发酵两个半小时，六个锅一循环，大饼在每个锅中都得焖 40 分钟，一锅油只能出 20 个大饼，每个大饼只能在油锅中待 7 分钟，可谓分秒必争。

蹲门大饼的制作方法如下：先把 3.5 千克面粉、2.1 千克清水、1%的鲜酵母混合，待面粉发酵后加入 3.5 千克白糖作为面种，发酵 1~2 天方可使用；最后在面种中加入 1.5 千克面粉及适量猪油、食粉、碱水，搅匀，揉成面团。将面团揉成扁圆形，放入已撒上面粉的饼盘内，再在面团上撒上面粉，入炉用中火烘烤。

制作过程中有如下几个操作关键：

（1）发面种是为了使饼身更加疏松软滑、无苦味。

（2）放适量碱水是为了中和面粉发酵产生的酸，分量要视面种的酸度而定。

（3）在饼盘内和面团上撒面粉是为了防止炉温过高导致饼色焦黄。

（4）必须揉匀面团，成品才会色泽金黄且有韧性。

（5）烤的过程中应注意把握火候。

目前，年过七旬的陆长军、何桂英夫妇是蹲门大饼制作技艺的第四代传承人。

上　发酵

下　制作饼坯

◆ 上　煎饼

◆ 下　蹲门大饼制作完成

倪莫糕点制作技艺

东台市时堰镇倪莫村，原名草庙，位于时堰镇东约四公里处，后港公路东侧。因此，东台倪莫糕点又名“草庙糕点”。其生产工艺精细，真材实料，配方私密，具有与众不同的魅力，享誉苏中里下河地区。倪莫糕点由潘寿山所创。潘寿山从小随民间手艺人学习制作糕点，通过多年的探索，创造出自己独特的糕点制作风格。其子潘根宏子承父业，在父传技艺的基础上推陈出新，制作的糕点更具特色。其代表性产品倪莫京果，寸长、细圆，呈红棕色。闻之香味扑鼻，小口嚼食，脆而不黏，满口喷香。用开水冲泡，浮而不烂，绵而不黏，香甜可口。倪莫京果干食、水泡均宜，在当地有良好的口碑。

倪莫糕点的主要品种还有大米果、小米果、芝麻果、雪枣、冲枣、芝麻糖、花生糖、浇切糖、炒米糖、大糕、小糕等。

目前，倪莫糕点的代表性传承人有潘根宏、潘素军。

◆ 上　制作糕点场景

◆ 下　倪莫糕点

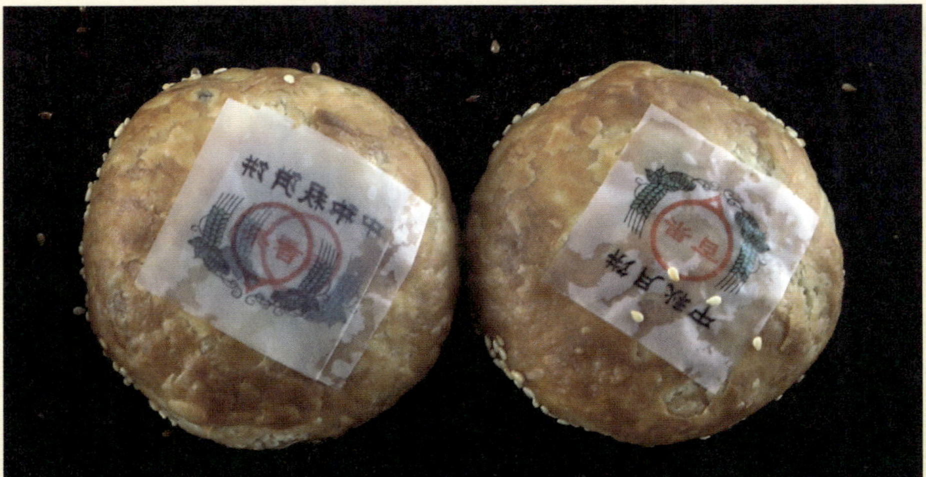

东台早茶制作技艺

从清代起，东台就有吃早茶的习俗，到民国时更是达到顶峰。在《东台县志》《东台市志》中均有关于东台早茶的记载。民国初年，东台制作早茶的老字号有“红兰别墅”“张复盛”“听雨”“兴汉馆”“余复兴”等大大小小几十家；解放初期，以东台四大餐室为代表；改革开放之后，“红兰别墅酒楼”“三元酒家”“新东菜馆”“人民饭店”“同乐楼”等都以制作早茶而闻名。

进入新时代，早茶制作技艺在东台更是得到了很好的传承。不论酒楼、餐厅规模大小，人们都习惯统称其为“茶馆”。可见，早茶文化已经深深植根在东台人心中并成为他们生活中不可缺少的一部分。每天清晨，走在东台的大街小巷，都可以见到酒楼、餐厅里坐满了吃早茶的人。每逢周末，各餐馆更是食客盈门，应接不暇。近年来，虽商情变化无常，但东台早茶的名号经久不衰，东台市各餐馆一如既往地红火。东台的早茶文化也辐射到周边的盐城其他县市及泰州、南通等市，成为淮扬饮食文化中非常重要的一部分。现在，东台早茶制作技艺主要分布在东台市区及安丰、富安、头灶等各镇。

东台早茶以东台地产食材为原材料，制作技艺独特。早茶品种以香茗、拌（煮）干丝、冷菜、盖浇、鱼汤面、各式点心为主。

品茗注重春饮花茶、夏饮绿茶、秋饮青茶、冬饮红茶。

干丝的主要原料是本地产的百叶，由其切丝而成。拌干丝是将干丝烫至软绵、爽滑，辅以青蒜、花生米、肴肉、酥虾、姜丝等拌和而成，四季味道有别。煮干丝是以百叶丝为主，配上开洋、鸡丝、脆鳝、笋片、木耳、火腿、时蔬等辅料，用浓白鱼汤煮就，味道鲜美。

冷菜品种多样，常见的有烫青蒜、白斩鸡、脆鳝、松花蛋、五香花生、熏鱼、蓑衣萝卜、糖醋海蜇头等应时冷菜。

盖浇主要有脆鳝、肴肉、雪菜肉丝、肉酱、四时小炒等，与鱼汤面搭配而食，或香脆，或鲜嫩，或醇厚，为早茶中的亮点。

鱼汤面是东台早茶中的重头戏。鱼汤面的鱼汤制作考究，将野生鳝鱼的骨头、鲫鱼、猪筒骨用葱姜煸炒后，以大火慢慢熬制成浓白似乳的鱼汤。将面条煮熟后盛入鱼汤中，撒些胡椒粉和蒜叶。面条爽滑筋道，鱼汤醇厚鲜美。

各式点心主要包括肉包、豆沙包、菜包、蒸饺、烧卖等。有时也会随着季节变化而增加新的品种，如春天用野生荠菜做成荠菜包，夏天用马齿苋做成马齿苋包，秋天用捏颈萝卜做成萝卜丝包，冬天用百合头青菜做成菜包。

东台早茶中的干丝绵软爽口，冷菜滋味多样，汤面浓白醇厚，盖浇增色增味，点心花式品种齐全、暄松适口，综合了东台早茶地方特色中的“三鲜三正”：三鲜即鱼鲜、肉鲜、蔬鲜；三正指味正（味道适口）、汤正（汤醇厚）、酵正（面酵发制适中）。

东台地区水网纵横交错，串场河、何垛河、泰东河、通榆河等河流穿境而过，大小湖泊星罗棋布。这里四季分明，农耕种植发达。智慧的东台人深悟“靠水吃水”的道理，将丰富的水产品、农作物资源融入东台早茶中。经过一代代本帮厨师的传承和改良，东台早茶以制作精细、风味独特、经济实惠而逐渐成为东台餐饮文化中的精华，经久不衰。

以东台磊达大酒店、东台磊达宾馆为代表的企业，以东台早茶制作技艺的传承、创新、发展为己任，以弘扬传统东台饮食文化的精髓担纲领航，打造极具地方特色的早茶文化。他们在秉承东台早茶传统技艺的基础上，满足现代人对饮食的需求，让本土味道得以保留。

各个时期东台早茶制作技艺的主要传承人如下：

20 世纪 20 年代，传承人是万复兴茶馆的万敬堂；

20 世纪 30 年代，传承人是大东饭店的老万三；
20 世纪 60—90 年代，传承人是饮服公司的景正福和余永寿；
20 世纪 90 年代后，传承人是东台宾馆的徐正宽和毛胜武；
2006—2015 年，传承人是磊达宾馆的徐用军和王生安；
2015 年至今，传承人是磊达大酒店的王晓军和周海峰。

东台早茶（一）

东台早茶（二）

后港羊肉烹制技艺

后港位于苏中里下河地区，与南通海安市白甸镇仅一河之隔。这里四季分明，气候宜人，景色优美，境内河网密布，交通发达，是著名的鱼米之乡。

后港羊肉烹制技艺分布在东台市时堰镇后港社区，由许进贤学艺后传承，至今已有百年历史。早年许进贤在外做工，在当地一家主营羊肉生意的人家学习了烹制羊肉的手艺，后传给儿子许江海。因许进贤在家排行老六，故他开店经营羊肉生意时为店取名“许六羊肉店”。店内羊肉由本地散养草羊宰杀而来，其烧、烤、煮、炒、炖等烹饪手法十分齐全，菜品中包含了羊身上的所有部位。该店因风味独特而闻名周边县市，慕名而来的食客络绎不绝。特别是秋冬季节，每日门庭若市，供不应求。品尝过店内羊肉的人都回味无穷，赞不绝口。许六羊肉店生意兴隆，带动了后港社区第三产业的发展，为致富一方、造福乡梓发挥了很大的作用，成为地方名店。

后港羊肉烹制技艺是家传配方，羊肉肥而不腻，鲜香无膻味，是用近百年的土灶熬制而成的。白切、烧烤、红烧、清炖皆宜。主要菜品有白切羊肉、红烧羊肉、炒羊肝、炒羊血、烧羊球、烧羊鞭、烤全羊、烤羊排、羊杂汤、烤羊肉串、羊肉饺子、炖羊蹄汤等。其中，白切羊肉保持原味，两种酱料各有风味；红烧羊肉为带皮的羊肉，辛辣可口；炒羊肝鲜嫩可口；烤羊排用料考究，外酥里嫩；羊肉饺子鲜美微咸；炖羊蹄汤特别黏稠，含有很多胶原蛋白。

目前，后港羊肉烹制技艺的主要传承人有许江海、许海兵、许春萍、陈玉珍、高俊峰。其中，许江海不断创新改良，使后港羊肉风味更加独特，当地及周边市县百姓的餐桌上也更加丰富了。

◆ 上　后港羊肉的三种做法

◆ 下　清炖羊肉

青蒲鸬鹚捕鱼技艺

过青蒲见渔者抗风入水取鱼

［明］王襞

来往溪头唤卖鱼，
桐江渭水此溪乎？
若非捉雨拿风手，
莫敢披蓑作老渔。

王襞（1515—1587），字东崖，号宗顺，东台安丰人，明朝哲学家，泰州学派王艮次子，王艮学说的主要传承人之一。当年王襞看到青蒲渔民取鱼时写下这首诗。

鸬鹚，又名鱼鹰，俗名老鸦。水草青青，碧波荡漾，一叶渔舟翩翩而来。船两边伸出数根横担，每担上蹲踞着二三只鸬鹚。它们昂首张目，敛翼待命。渔人头戴斗笠，身披蓑衣，手执长篙，口发呼哨，众鸬鹚闻声齐齐入水。俄顷，雄鸦口叼大鱼，破水而出，渔人伸出长篙，接其上船吐鱼入舱；雌鸦口啜小鱼，凌波而来，渔人篙接手提，倒下小鱼。河面长篙指点，波浪闪耀，群鸦竞技，鱼号子悠悠，好一曲动人的乡村乐章。

青蒲鸬鹚捕鱼技艺已有400多年的历史。起初，部分青蒲人以鸬鹚捕鱼为生。随着时代的发展，现在仅青一村、青二村几户渔民还在传承鸬鹚捕鱼的技艺。

渔民不用撒网，以歌代令，喊鸬鹚号子。号子有不同的调子和节奏，但没有歌词。外行人听来仅有“喔呵呵依唷呵呵”的不同号子，其实表示捕捉不同鱼类时的不同“指令”。在碧水间，人与鸬鹚合作捕鱼，展现出人与自然的和谐统一。

中国文人的渔樵文化，有不少来源于传统的渔业生产习俗，鸬鹚捕鱼就是其中的一项重要内容。

目前，青蒲鸬鹚捕鱼技艺的主要传承人有仇爱文和仇伟。

◆ 渔民与鸬鹚合作捕鱼

◆ 渔民喊鸬鹚号子

许河倒挂饼制作技艺

许河倒挂饼是一种以小麦面粉经铁锅烤制、蒸熟的面饼，因其外形酷似花卉“倒挂金钟”而被民间称为“倒挂饼”，也称“锅巴饼”。

许河倒挂饼制作技艺主要分布于许河镇东进岔路口，即省道226（以前的黄海战备路）与县道337（安弶公路）的十字交叉口。

20世纪70年代，一对年轻夫妇（妻子杨莲、丈夫彭英成）利用东进岔路口的地理优势，制作小笼包、阳春面、馒头等食物招待四面八方的来客。1996年，杨莲夫妇拜原来在上海做熟食的师傅郭存顶为师，学习做老酵面饼。不足一月，他们就掌握了师父传授的独门技艺。许河倒挂饼从此名声渐起。2005年，他们的女儿彭海琴在杨莲的指导下，也成了制作许河倒挂饼的行家里手，成为许河倒挂饼制作技艺名副其实的第三代传承人，生意做得更加红火，在乡野民间名声远扬。

许河倒挂饼制作工序如下：

（1）留酵头。所谓酵头，是前一天制作面饼时留下的一小部分原酵。许河倒挂饼之所以口感好、筋道，是因为制作过程中决不使用酵母、泡打粉等化学添加剂，而采用了传统的老酵发酵法。

（2）和面、发面、备料。根据每次倒挂饼的加工量，估算一定量的精面粉，直接用饮用水拌和成面料。冬季，为了发面能顺利进行，饮用水需要加热到60 ℃左右。将稀释的酵头均匀拌和到面料中。利用拌和机拌和成的面料，均匀度高，有利于面料充分发酵。

（3）发酵。将拌和形成的面料置于盛器中。冬季，盛料的容器必须用棉被、毛毯等保暖保温材料包裹起来，在做好保暖保温的条件下，面料自然发酵应在9~10小时之间。夏季，面料的盛器不用捂，只要做好防蚊防蝇工作，自然发酵6~7小时即可。

（4）制作倒挂饼饼坯。面料发酵成熟后，进入制作倒挂饼饼坯程序。正常情况下，民间制作烧饼、蒸汽面饼、馒头时，是将制作好的坯子直接放进炉灶或蒸笼，或烤或蒸。许河倒挂饼饼坯的制作则不同。饼坯在进入铁锅前，要先在案板上平放10分钟左右，让它再一次充分发酵。

既烤又蒸是“倒挂金钟”形成的重要技艺环节：

一是饼坯入锅的姿势。用手往锅中贴饼坯时，手指要轻轻地向上拉，使饼坯形成类椭圆形，上部稍尖，下部呈金钟倒垂的水滴状。

二是炭火火候。火大了，饼容易焦煳；火小了，饼心不易熟。应以炉灶灶膛内的火势不形成熊熊明火为佳。一锅共加煤4~5次，每次250克左右。

三是水蒸气全程不断。让水蒸气全程包裹饼坯，保证饼坯在锅中渐渐受热、慢慢下垂，直至成熟出锅。成熟的倒挂饼一面嫩白如馒头，入口绵软，有原麦的香甜；另一面是金黄的硬锅巴，筋道有嚼劲。

许河倒挂饼

◆ 上　制作饼坯

◆ 下　饼坯入锅

民俗

时堰庙会

时堰镇处于江苏省中北部（苏中、苏北交界处）的里下河地区，介于泰州、南通、盐城三市的交汇处，古运盐河——泰东河（省三级河道）贯穿全境，区域内河网密集、水系发达、物产丰富、经济繁荣。时堰镇历史悠久。开庄遗址的发现证明，在4000多年前，当地已有人类聚集生活。时堰镇是苏中里下河地区五大古镇之一，著名的鱼米之乡，东台五星—兴化蒋庄良渚文化遗址所在地，清代水利学家冯道立故里。

宋朝至清朝中叶，时堰先后建有七十二个半庙堂。明清至解放初期，庙会活动频繁且名目繁多，主要有农历三月十九日的太阳会（纪念明朝崇祯皇帝）、三月二十八日的东岳会（纪念东岳大帝黄飞虎）、五月十三日的关帝会（纪念三国关羽）、七月三十日的地藏王会（纪念元朝张士诚）、九月初九的华佗会（纪念神医华佗）、五月十八和十月初十的都天会（纪念唐朝张巡、明朝杨继盛）、九月中旬的龙王会（祭龙王）等。

在各个庙会中，规模最大、影响最广的要数都天庙的都天盛会。都天庙位于老街中心，建于乾隆二年，庙内供奉唐代名将扬州都督张巡（民间称都天菩萨）、明代忠臣速报使司杨继盛（民间称速报菩萨）以及五圣灵（传说中专司散播瘟疫的五路恶神）。每年农历五月十八和十月初十，时堰镇都要举办两次传统的庙会。组织者为镇上的商会及各行业分会。商会提前半个月发出迎会告示，张贴于阳春馆巷头，各分会陆续贴出附议，表示响应。各行业分会而后开始做相应的准备工作。

庙会当天，人们从四面八方汇集至时堰万莲禅寺（即都天庙），沿街商铺也纷纷摆设香案。首先举行菩萨出游活动，七尊菩萨塑像被抬到老街上游行一圈。随后是舞龙队、舞狮队、花船队、花担队、腰鼓队、莲厢队、花环队、彩扇队、太极拳队等各式各样的群众性文化活动队伍。晚上在老街上搭台唱戏，节目均由当地业余群众文化团队自发组织，活动持续一周。

时堰庙会以民俗文化活动为载体，是广大人民群众创造、创新和传承文化的有机组成部分。庙会期间同时举办周边四乡八镇的商贸集会，为推动区域性经济商贸发展繁荣发挥了积极作用。

时堰庙会

堤东真君庙会

每年的农历九月二十三是堤东三仓、许河、南沈灶地区一年一度的堤东真君庙会，又称“真君出巡”“万家庙会”。庙会在苏中地区普遍盛行，尤以兴化及东台堤西地区为多，而在东台堤东地区却鲜见，这也给“真君出巡”蒙上了一层神秘的面纱。

晋朝有一个名叫许逊的道士，其斩蛟龙为民除害的事迹广为流传。后人为纪念他，逐渐形成许真君信仰。

堤东地区许真君信仰还成了当地人心目中保证风调雨顺、五谷丰登的象征，并逐渐发展成一种具有鲜明特色的地方文化。

相传清乾隆四十一年（1776 年），一位家住东台万家灶的万姓商人去江西南昌做生意。江西人听说他姓万，格外尊敬他。原来，许逊的养母姓万，是养育许逊成长成才的慈母，德高望重，被江西人称为“福主”。于是，万姓商人怀着无比崇敬的心情，到南昌西山“请”到一尊许真君神像，于同年农历九月二十三坐船回到家乡，在三仓河南、钱塘庙（原万灶村六组）河边登岸上路，受到众乡邻迎接。大家听说船上不仅有各自需要的货物，还有一尊能保护一方平安的保护神——许真君的神像，无不欢欣鼓舞。当日，万姓家族家家点烛敬香，跪拜神灵，并由万姓商人第一个接神像到家供奉。其间，经与万姓家族各灶长（盐场编制的称呼，沿袭至今）商定：许真君神像从此由万姓家族五大灶口（东、西、南、北灶，另加海下东灶）轮值供奉；确定农历九月二十三，即神像登岸日为流转他家的出堂日，钱塘庙河边神像登岸上路之地为每年接送神像的必经“朝拜”之地，定名为“万家会”。此外，万姓商人从江西随神像一起带回的许真君著作和治病救人的草药偏方一并跟随出堂。此后，万姓家族开始兴盛，子孙繁衍众多。200 多年来，初制始终未变，并逐步得到完善。许真君神像也被老百姓保护得十分完整。

2018 年，万家会百姓集资砌了一个小庙作为上岸地点，一路出巡，所到之处，人人膜拜，家家斗香，锣鼓齐鸣，成为堤东地区罕见的庙会盛况。

真君庙会的形式主要以游走为主，经过焚香、礼拜、鸣鞭炮、灯会表演、马弁穿具等一系列的仪式后，以马弁开道，彩旗队、龙灯队、舞狮队、吹打队等民俗表演队紧随其后，接下来就是用彩轿抬着真君出巡。整个队伍游行路程达 5 千米左右，观看群众有几万人，盛况空前。很多闻风而来的商贩沿途摆摊设点，更增添了庙会热闹的气氛。

真君庙会为东台堤东地区重要的民俗活动，其意义是祈求、祝福人们在新的一年里五谷丰登、福禄多财、人丁兴旺、健康长寿，寄托了人们对美好生活的向往，同时也很好地传承了民族文化遗产，对研究苏中地区的民风、民俗等具有十分重要的价值。

目前，真君庙会的主要传承人有万维龙、万曰淦、万建明。

堤东真君庙会

说鸽子

我国民间百姓家每逢砌屋奠基、上梁、子女结婚、过生日、生子、砌灶、钉船、打床、办丧事等，主事人总要说或唱些吉祥喜庆的顺口溜，即祝词，俗称“说鸽子”。“鸽子”是富安方言，因其采用歌谣的形式，故也记作“歌子”。“说鸽子”是劳动人民多年来的口头创作，为人们所喜闻乐见。

据说这种习俗可以避邪免灾，同时增加喜庆、欢乐、隆重的气氛，为主家带来兴旺财气，使其好运不断。在农村，男婚女嫁、说媒访亲时，人们都十分看重房子。砌房子自然马虎不得，往往要请风水先生选宅基，择吉日。开工了，主家与匠人都要说吉利话。如：奠房基时不说“奠”要说“富”，即富房基；斧头叫“代富”；梯子叫“步步高”；草绳叫“牵金”，意思是牵住金银财宝；下雨不能说“落雨”，要说“涨水”，意思是财产像雨水一样向上涨；宁可家里不通风透光，房子的后墙也不能开窗子，这样才“关财”……

上梁是图吉利最神圣、最庄严的时刻，主家往往会预先选定好日子和时辰，请匠人来安屋梁、“说鸽子”。主家要敬香磕头拜菩萨，还要放鞭炮，在房柱上贴上“立柱巧逢黄道日，上梁正遇紫微星”“日月无忌”“老少无忌”之类的柱联。伴随着鞭炮声，匠人安好屋梁，扔下斧头，朗声念道：“代富（斧头）着地口朝上，恭喜主家砌华堂；东边砌的金银库，西边砌的积谷仓。”听到匠人“说鸽子”时，主家要递上预先准备的红包。上梁“说鸽子”的习俗至今仍然存在，表达了人们对美好生活的向往和追求。

“说鸽子”的习俗主要分布在里下河地区、沿海平原一带，有悠久的历史。一些学者认为“嘏（gǔ）辞”即民间的“说鸽子”。嘏辞，乃古代祭祀时执事人为受祭者致福于主人之辞，泛指祝福或祝寿之辞。《诗经·大雅》里有一首《既醉》曰：“既醉以酒，既饱以德。君子万年，介尔景福……”今人译为：“甘醇美酒喝个醉，你的恩德我饱受。祝你主人万年寿，天赐洪福永享有……”很显然，这首诗具有“嘏辞”的特点。换句话说，《诗经》中的民间歌谣，有一些就是当时的“嘏辞”。由此看来，民间的“说鸽子”的确可以追溯到三千年前。

“说鸽子”的主要特征如下：

（1）口语化。“说鸽子”语言流畅，韵律优美，朗朗上口，诙谐幽默，是流传了千百年的民间口头文学。“说鸽子”有两种表现形式：单口（一人说）和对口（木匠和瓦工师傅轮流说）。

（2）有地域特色。“说鸽子”的内容一部分为民间流传，一部分为现场编说，使用了大量的方言、谐音。它植根于民间，具有浓郁的乡土气息。

（3）是情感载体。“说鸽子”发展到今天，已不仅仅是简单的祝福，更寄托了百姓对安居乐业的美好愿望。

（4）有审美价值。“说鸽子”是人们在长期的自发创作中自然形成的，具有简洁的表达方式和巧妙的表达技巧等，突出体现了群众的审美习惯。

（5）有历史价值。“说鸽子”是口传的顺口溜，带有特定时代和生活状态的印迹，蕴藏着信史记录的空白，从中可窥探出民间的历史情感和精神依附。

由于社会结构发生改变，现在房屋奠基、上梁、婚丧嫁娶等传统仪式越来越少，“说鸽子”这种民间文化也面临着失传的危机，因此有必要加以搜集、整理和保护。

“说鸽子”的主要作品有《奠基》《暖梁》《贴福字》《十杯酒歌》《挂红》《接宝》《钉椽子》《闭龙口》《装大门》等。

上梁说鸽子

传统医药

梅氏骨科疗法

关于梅氏骨科，有一个传说。相传在清朝康熙年间，梅氏先祖采药时发现一条血肉模糊的蛇在草丛中打滚，一段时间后，蛇断开的尾巴竟然被接上了。梅氏先祖将蛇周围的草采回家，与其他药物配伍，研制出梅氏膏药，惠泽四方乡民。无论是骨折骨裂、跌打损伤，还是颈肩腰腿痛，梅氏以手法正之，以膏药贴敷，悉能痊愈。

清朝末年，梅氏骨科第9代传承人梅义俊、臧凤英夫妇从扬州赴东台任县衙医官。自此，梅氏骨科便从扬州传入东台。

中华人民共和国成立初期，梅氏骨科第10代传承人梅善甫先后在四灶卫生院、海堰（今海丰）卫生院等公立医院用梅氏家传秘方造福一方百姓。

改革开放后，梅氏骨科第11代传承人梅子成在海堰创立了“梅氏骨科门诊”。

梅氏骨科第12代传承人梅沛生是梅子成次子，自幼一边读书一边随父亲学医，深得父亲真传。长大后梅沛生就读于南京中医药大学，同时在江苏省中医院骨科深造，学成后回到家乡东台海丰，和父亲一起创业，并将“梅氏骨科门诊”改建升格为“东台梅氏骨伤科医院”。

梅沛生回到东台后，将其所学医药学知识与家传秘方融会贯通，把“梅氏骨科”专科技术推上了新的高度。

2008年，梅沛生收购并改造位于范公（三灶）的东台同仁医院，将医院打造成以梅氏骨科为龙头科室的综合性医院。

2008年10月28日，梅子成老先生决定将“梅氏骨科”技术（包括自制中医骨伤药物配方及制作工序）转让给梅沛生，确定梅沛生为“梅氏骨科”唯一、正宗传承人。梅沛生从此正式成为梅氏骨科第 12 代传承人。

2011 年，为了更好地发展梅氏骨科，梅沛生在继承家传技艺和独门膏药秘方的基础上，将在学校学习到的中医药知识和多年的实践经验相融合，改良了梅氏膏药。改良后的膏药针对骨伤骨病细致分类，弥补了传统膏药针对性不强、用药面积小、易导致过敏、透皮入骨慢等缺点，使得疗效加倍且干净舒适。如今，新一代梅氏膏药已在东台同仁医院投入使用。

梅氏膏药由三十多种名贵中草药熬制而成。针对骨折患者，以梅氏手法正骨，配合梅氏膏药，再用小夹板固定或牵引，可起到活血化瘀、消肿止痛、促进骨痂生长、修复受损组织等作用，使患者康复时间提前。这种方法治愈率高，复发率低。

梅沛生根据二十多年实践中积累的经验，自行研发出治疗各类骨伤骨病的疗效独特的中药汤剂——“长骨三步方”和“养骨通络十六道方”，一症一方，分类分期配药。

现存《梅氏治骨秘方》中，记载了梅氏手法复位、梅氏外用膏剂、梅氏汤剂等秘方，以及梅氏治骨的各种经验和案例。

梅氏骨科从清朝康熙年间到现在已经有数百年历史，有治疗骨伤骨病的独门外敷、内服配方以及复位手法流传于世，并形成了一套梅氏骨科诊疗方案，在东台、大丰、兴化等地医学界产生重大影响，获得了老百姓的广泛认可。目前，江苏其他地区，以及浙江、上海、安徽等地也有不少骨科患者慕名前来求医。

臧凤英
第9代传承人

梅善甫
第10代传承人

梅子成
第11代传承人

梅沛生
第12代传承人

◆ 上　梅氏骨科传承人（注：第 9 代传承人梅义俊因去世较早，没有留存照片）

◆ 下　梅子成和梅沛生讨论病情

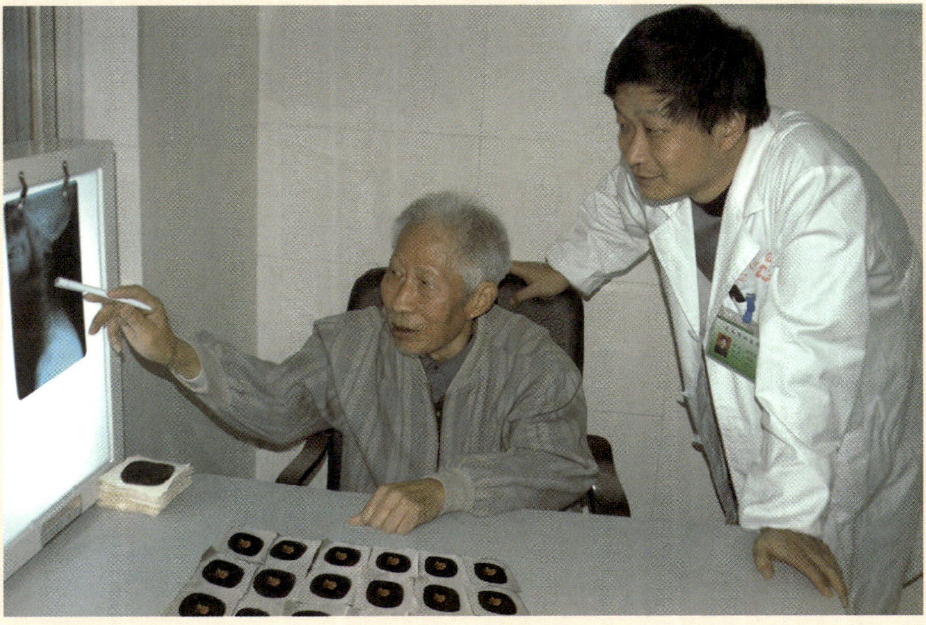

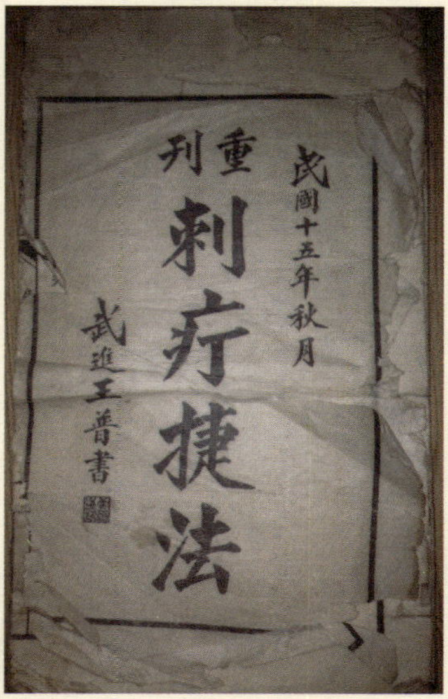

梅氏膏药相关物品

曲艺

唱凤凰

“唱凤凰”流行于东台头灶地区，是人们喜闻乐见的一种传统曲艺。“唱凤凰”的道具是一只纸扎的造型优美、色彩斑斓的凤凰。凤凰是吉祥之鸟，自古以来民间就有龙凤呈祥之说，认为“凤凰不落无宝之地”。老百姓都希望在正月里有凤凰临门，所以“唱凤凰”的艺人大都在这期间去各村各户演唱，以表示对主家的良好祝愿。

“唱凤凰”语言通俗易懂，唱词有的是先编后唱，也有的是现编现唱，并用锣鼓伴奏，渲染节日的喜庆气氛，祝福人们在新的一年里五谷丰登、福禄多财、人丁兴旺、健康长寿。“唱凤凰”分布区域比较广，各地的唱词、语调略有不同。在头灶，“唱凤凰”有着鲜明的新春祝福特点，因而一直都延续着独有的唱腔。“唱凤凰”的班子一般有五六人，大家紧密配合，其中一人扛着凤凰在前面引路，后面几个人分别手拿大锣、堂锣、钹、鼓，走街串巷。只要见人家大门敞开，“唱凤凰”的班子就走进院子里，将凤凰举起来，先敲锣打鼓造起声势来。家庭富裕又正好办喜事的人家，这时候都会放鞭炮表示欢迎，让他们慢慢唱，增加家里的喜庆色彩。乡邻们便会聚拢过来围观，现场十分热闹。举凤凰的人立在门户中央唱起来，其他人分站在两旁。举凤凰者一般都是主唱，不但要声音洪亮，而且要思维敏捷，眼睛一扫就能知晓住户的基本情况，迎合主家的心理，以便临场发挥。

“唱凤凰”的形式是边唱边舞动手中的凤凰，唱词根据主家情况来定。凤凰词每句七个字，开头用“锣鼓一打”或“锣鼓一敲”引入，然后唱主家的东西，如房子、花草、树木、家具、对联、剪纸、猪圈、鸡窝、人物等，再后面就是吉祥语。

“唱凤凰”在头灶已经有二百多年的历史。1900 年，夏家灶盐民周德友拜当地民间艺人王成富为师学习“唱凤凰”。周德友敏而好学，很多唱词能脱口而出，唱起来不仅声音洪亮，而且唱词富有韵味、朗朗上口，很受当地群众的欢迎。其子周如海自幼随父学习“唱凤凰”，16 岁开始独立领唱。其时正是抗日战争时期，周如海利用“唱凤凰”的形式宣传抗日救国，讴歌苏中抗日根据地的战士们英勇抗战。第三代传承人周文亮从小就喜欢“唱凤凰”，经常以“唱凤凰”等文艺形式进行表演，宣传和赞美社会主义新农村建设。第四代传承人周锦龙在传统基础上不断创新，创作出许多人民群众喜闻乐见的唱词。在表演中，周锦龙可谓一人当作多人用，平时需要五个人才能表演的节目，他一个人手、口、腿、背并用，不但能唱，而且能将锣、鼓、钹、凤凰等道具敲打、舞动起来，把“唱凤凰”这一当地的传统曲艺演绎得精彩绝伦。他的表演凝聚斗志、鼓舞人心，充分发挥了文化艺术为人民服务的作用。此外，他还通过微信视频、公众号等网络媒体宣传这一传统民间艺术。

“唱凤凰”是苏中里下河地区一种独特的民间曲艺形式，源于乡土，植根于民间，是劳动人民在长期的生产活动中创造出来的。对其挖掘、整理和传承，能让后人了解祖辈们是怎样在苏中大地筚路蓝缕、艰苦创业的，又是怎样在不断进取中获得丰硕成果的。

◆ 上 唱凤凰

◆ 下 表演现场

渔鼓道情

渔鼓道情历史悠久，可以上溯至唐代的“道情”，也就是道士们传道或化缘时所叙述的道家之事和道家之情。他们叙情的方式就是在打渔鼓的同时唱道歌，如唐代的《九真》、《承天》（《唐会要》卷三十三）、《踏踏歌》（段常所著《续仙传》一书中蓝采和手持拍板说唱的便是《踏踏歌》）等。后来，“道情”为民间艺人所习用，道教内容便渐趋淡化，改为民间故事、神话传说和英雄故事，“道情、唱歌”的方式也演变为一种说唱的艺术形式。

明清时期，渔鼓道情已形成有板有眼的完整唱腔。著名爱国思想家王船山（今湖南衡阳人）就作过《愚鼓词》（“愚鼓”即“渔鼓”）二十七首。从此，渔鼓道情便由宣扬道教出世思想的工具完全过渡为一种富有娱乐性和知识性的民间说唱艺术。

清代后期，渔鼓道情从苏州一带传入苏北地区，主要流传于东台、兴化等地，结合盐洼地区独特的民间风俗习惯，形成了属于三仓地区的“渔鼓道情”——又称“梆梆筒子”。这是一种表演形式与大鼓书相似的民间传统曲艺。始于明末清初的道情戏，源于道教的“道情词”，由富有创造力的劳动人民在原有艺术形式上结合史实，形成一首首流行于三仓地区的道情歌。渔鼓道情以江淮官话东通片传唱起来更具地方味道。

三仓镇地处东台东部腹地，历史悠久，古有盐商在此建灶煮盐，设立盐仓，三仓因此得名。昔日老百姓生活贫苦，以渔鼓道情来寄寓他们对美好生活的向往。一批民间艺人借此糊口，渔鼓道情因此得以传承。

流传于三仓及其周边地区的渔鼓道情更多地结合了农民的生活实际，以传唱婚丧嫁娶等日常生活事件为主，充满了农村生活中的烟火气息。

歌词给人以农村朴实生活的画面感，温馨感人。例如，从《送房歌》的歌词中可以对传统婚嫁习俗的细节了解一二。这对于研究东台三仓及其周边地区的民风、民俗等具有十分重要的价值。

1. 渔鼓制作

渔鼓用竹筒制作，筒长 65 ~ 100 厘米，鼓面直径 13 ~ 14 厘米，竹筒一端蒙以猪皮、羊皮或油膜（猪膀胱膜）。

2. 演出方式

渔鼓道情的演出方式一般以群体坐唱为主，也有单人唱、双人唱。表演者边演唱边伴奏，右手拍击渔鼓，左手敲击竹板。音乐节拍变化灵活，4/4 拍、3/4 拍交替出现，极具特色。其板式包含“慢板”“平板”“数板”“三拔气”“韵白”“便白”“上场引子”“上场诗”等。

三仓渔鼓道情融入了苏北盐碱地区的地方戏曲、曲艺、民间音乐等艺术元素，唱腔独特，歌词采用地方口语，念白多为乡音俚语。

3. 演唱内容

渔鼓道情的演唱内容以农民现实生活为主要来源，将百姓生活中的实事加以汇编演绎，使广大群众接受并传唱。除了民间风俗习惯、生活趣事，表演者也会演唱神话故事、历史传说等。演唱内容具有明显的地方特色，有的凄楚婉转，催人泪下；有的激动人心，十分感人；有的轻松愉快……

◆ 上　渔鼓道情道具

◆ 下　渔鼓道情《土地的故事》剧照

传统体育、游艺与杂技

许河杂技

许河杂技是盐阜杂技的支脉。许河人姚进根在盐阜杂技团潜心学艺后返乡创立“姚家班”，民国时期组建“如山杂技团”，后整合同乡“王侉班子”（系盐阜杂技“王锦生班子”分支）形成了苏北较有名气的“许河杂技”。

抗日战争、解放战争时期，“许河杂技”配合中国共产党和抗日民主政府演文明戏，成为当地有名的进步文艺团体。中华人民共和国成立后，“东台杂技艺术团”等集体性质的演艺团体先后成立，成为活跃在社会主义文艺舞台上的重要力量，为新中国的文艺繁荣做出了贡献。1954 年春，中共东台县委、县政府创建县属大集体事业单位“东台县杂技团”，“姚家班”全体演艺人员成为该团的骨干力量。

1963 年冬，“东台县杂技团”解散，“姚家班”又自发组织民间文艺团体，照常在全国范围内表演杂技。

1969 年，江苏省贫下中农代表会议期间，以表演许河杂技为主的许河贫下中农文艺宣传队共 48 人赴宁演出，受到时任中共江苏省委第一书记许世友的亲切接见。从此，农民大演大唱蓬勃发展，轰动全国。

1979 年春，“姚家班”第三代传承人姚德运率领他的儿子姚辉、姚铎，女儿姚琴，以及众多弟子，成立了“许河杂技团”。一年后，剧团更名为“许河马戏团”，在省内开展杂技演出。

1982 年春，剧团更名为“东台县大篷马戏团”，申领到全国通行的准演证，在全国各地巡回演出。

1984 年春，剧团更名为“东台县人民杂技团”，具有“姚家班”史上最庞大的演出阵容和规模，拥有演职人员近 50 名，马匹 4 匹，自制高规格演出大棚，有固定座位 1500 个，演出道具重达 20 多吨，有专门的交通运输车辆。

1993 年春，“姚家班”第四代传承人姚辉从安徽武警文工团退伍后，接过父亲手中的大旗，继续传承许河杂技。

2004 年 12 月，姚辉参加江苏省第二届农民艺术节，因表演祖传杂技而获得江苏省首届“农民文艺之星”称号。

2008 年 6 月，剧团更名为“江苏省东台市同一片蓝天杂技艺术团”，固定资产总投入达 180 万元，拥有演出专用大型车辆 2 辆、移动舞台 2 套（90 平方米）、专业舞台灯光 100 台套、专业音响设备 20 台套。同年年底，剧团投资近 20 万元在许河集镇西环路西侧新建了剧团团部，占地面积 1400 平方米，建有排练房、演员宿舍、车库及附属用房数间，建筑面积近 1000 平方米。

目前，“姚家班”走市场化运作的路子，取得了社会效益和经济效益“双丰收”。

许河杂技中的蹬技，以女演员蹬的重物特别大和重而闻名。重物包括八仙桌、大水缸、大粮瓮等，有时器具中还钻进成人 1~2 个、孩子 2~3 个。

许河杂技中的车技，以骑高台定车、高车顶碗、低车杂耍等出名。

许河杂技中的扛技，以扛高幡、重幡为主，演员技艺娴熟。

许河杂技中的硬气功，以躺钉板、压重物、头顶石板重锤打击等著称。

许河杂技始终根植在人民群众中间，深受人民群众喜爱，在多个历史时期都曾为繁荣文艺舞台做出过较大贡献。

许河杂技的第四代传承人除了姚辉还有姚琴、姚铎、崔辉、储东芳、王朝辉、王琳、丁志民、朱萍、杨龙山等；第五代传承人有杨平、吴兵、宋勇华等。

◆ 车技

附录

东台的董永祠墓及其传说

汪国璠

“董永卖身葬父，遇玉帝七女下凡，天仙相配”是一个流传悠久的民间故事。早在前汉就已开始流传，三国时曹植的诗《灵芝篇》中就记载了这个故事：“董永遭家贫，父老财无遗，举假以供养，佣作致甘肥。债家填门至，不知何用归，天灵感至德，神女为秉机。”几千年来，这个故事被人们编成丰富多彩的变文、杂剧、传奇、小曲、评讲、弹词、鼓书……受到广泛的欢迎。根据黄梅戏拍摄的电影《天仙配》，轰动了国内外，受到一致称赞。

但关于这个故事的发生地点，各种记载中却各不相同。晋代干宝所编《搜神记》中说：“汉，董永，千乘人。”《小董永卖身宝卷》中说董永是祝州府万阳县普州村人。《大孝记》和《槐荫记》中都说他是湖广人，前者说他生在黄州府麒麟县董家村，后者说他生在润州府丹阳县槐荫村。《槐荫会》中也说他是黄州府麒麟县董家庄人。而安徽黄梅戏《董永卖身》中说他是丹阳人。电影《天仙配》大概是根据《董永卖身》改编的。

当然，民间故事中的地点很多是由说唱人编的，未必有确凿根据，但从各种记载来看，董永卖身葬父似乎确有其事，而七仙女下凡则是人们反抗封建束缚和压迫以及憧憬美好生活的愿望。那么对于董永的出生地，就有考证的必要了。

我翻阅《东台县志》进行了一些调查了解，发现东台有关董永的遗迹传说很多，并且都有比较可靠的证据。

在离东台城区三里路的地方有一个西溪镇，那里古代是临海县城，在秦前是吴的属地。唐代遗留下的古迹很多，如泰山寺侧的宝塔相传是尉迟恭所建。在西溪三贤祠后面，有一座董孝子祠，明朝万历四年改为忠孝祠。《东台县志》上说，当时祠内所供董永画像，其后祠毁被移到佛堂里去了。在西溪镇西北角的广福寺后，有董永和董永父亲的墓，以及曹氏故宅（曹氏即董永卖身给一万钱的那位曹长者）。从这两方面看，董永生此葬此，似乎不假。

在这个地方，也留下许多“七仙女下凡”的传说和遗迹。离西溪不远，有一条大河叫作“辞郎河”，河的左边有殷庄和辞庄两个村庄。相传七仙女百日期满，在辞郎河与董永分别，殷庄是董永殷切盼望七仙女归来的伫守处。在泰山寺前，有一个凤凰池，传说天上凤凰常来此沐浴，董永和七仙女就是在这里相会的。在寺前八字桥下，有一缫丝井，据传七仙女常在井畔缫丝。兴化顾繁在《缫丝井亭记》中引录过丘容的诗：

天女缫丝井，
仙君始得名。
谁知千载后，
不断辘轳声。

此外，在西溪镇南仓桥附近，还有一个金钗井，又名凤升井，俗名双井。这个地方中隔一河，东西两岸相向。旧《泰州府志》上说：“仙女与董永相别，以二钗插地之东西，后人于其处凿井，迨开市河，两地遂隔矣。”

董永的故事在东台是脍炙人口、妇孺皆知的。这个故事也成为后来文人反复吟咏的题材。《东台县志》中载有潘鸣凤《游辞郎河有感》一诗：

孝子丹忱格皇天，
传闻仙媛缔尘缘。
一月织锦三百匹，
持向主人偿万钱。
功成事毕辞郎去，
缥缈云軿不知处。
千秋明月照西溪，
缑氏山头鹤未归。

（本文发表于 1956 年 12 月 10 日《新华日报》，有改动）

东台董永传说地标

《天仙配》故事的起源、演变及其影响

汪国璠

安徽黄梅戏《天仙配》自被拍成电影上映以来，受到全国各族人民的热烈欢迎。其中塑造的七仙女和董永的艺术形象，永远铭刻在广大群众心中。这种盛况的产生绝非偶然，而是有其深厚渊源的。民间文学则是它丰美的土壤。

起源

“董永卖身葬父，遇玉帝七女下凡，天仙相配”是一个流传悠久的民间故事，从西汉开始就在民间流传了。文学家刘向（约前77—前6年）编绘的《孝子图》中辞云：

前汉董永，千乘人。少失母，独养父。父亡无以葬，乃从人贷钱一万。永谓钱主曰：“后若无钱还君，当以身作奴。”主甚愍（悯）之。永得钱葬父毕，将往为奴，于路忽逢一妇人，求为永妻。永曰：“今贫若是，身为奴，何敢屈夫人为妻?”妇人曰：“愿为君妇，不耻贫贱。”永遂将妇人至。钱主曰：“本言一人，今何有二?”永曰：“言一得二，于理乖乎?”主问妻曰：“何能?”妻曰：“能织耳!”主曰：“为我织千匹绢，即放尔夫妻。”于是索线，十日之内千匹绢足。主惊。遂放夫妇二人同去。行至本相逢处，乃谓永曰：“我，天之织女，感君至孝，使我偿之。今君事了，不得久停。”语讫，云雾四垂，忽飞而去。①

刘向编绘的画像现已失传，而其辞幸得由《太平御览》保存下来，其故事情节就是根据民间传说编写的，故事的前半部分和现在流传的差不多，后半部分则不同，是织女在事成之后自动上天。刘向是汉皇族楚元王刘交四世孙，历经宣帝、元帝、成帝三朝。他生当西汉（前汉），焉能预见身后有“后汉”呢？原来，《太平御览》是宋太宗时根据北齐时编的《修文殿御览》、唐代编的《艺文类聚》《文思博要》等汇编成的一部大类书。现在，除《艺文类聚》外，其余均不传。清代阮元序鲍刻本《太平御览》云：“存《御览》一书，即存秦、汉以来佚书千余种矣。”所以，“前汉”是唐宋人征引资料的口气。有人据此证明，“这一段记载仅见于唐代人的引证，恐怕未必可靠”②。我认为，如果是“假托”，伪造者改“前汉”为“汉”或“本朝”，有何难哉？由此推定，此故事的起源不会迟于西汉末叶。

东汉冲帝（刘炳）永嘉（145 年）左右的武梁祠堂石刻画像中，就形象地描绘了董永卖身葬父的故事，说明这个故事在当时已家喻户晓，寺观祠堂已用石刻公之于殿堂之上，宣传封建孝道，要人学董永，做孝子事亲。这说明董永卖身故事早在永嘉前就广为流传了，可以说是我国的一个流传悠久的民间故事了。③

三国时的曹植（192—232 年）虽出身于皇族，但对民间文学有着浓厚的兴趣。他在《灵芝篇》中写道：

董永遭家贫，父老财无遗。举假以供养，佣作致甘肥。债家填门至，不知何用归。天灵感至德，神女为秉机。④

故事情节比较简单，叙写了董永孤苦穷困，无力偿债，感动了神女，为他织绢还清了欠债。诗中债主逼债的凶狠形象跃然纸上。这是流传最早的、有署名的、以董永为题的文人作品。董永、神女——民间文学的美好形象，已经成为诗人吟咏的题材了。

东晋史学家、文学家干宝（约 314 年在世）编集神怪灵异故事为《搜神记》。书中也记载了董永卖身葬父之事，但故事情节与前略有不同：

汉董永，千乘人。少偏孤，与父居。肆力田亩，鹿车载自随。父亡，无以葬，乃自卖为奴，以供丧事。主人知其贤，与钱一万，遣之。永行三年，丧毕，欲还主人，供其奴职。道逢一妇人，曰：“愿为子妻。”遂之与俱。主人谓永曰：“以钱与君矣。”永曰：“蒙君之惠，父丧收藏。永虽小人，必欲服勤致力，以报厚德。”主人曰：“妇人何能？”永曰：“能织。”主人曰：“必尔者，但令君妇为我织缣百匹。”于是永妻为主人家织，十日而毕。女出门，谓永曰：“我，天之织女也。缘君至孝，天帝令我助君偿债耳。”语毕，凌空而去，不知所在。⑤

《青州府志·祥异记》所引的《搜神记》，内容也有所不同：

董永，千乘人，家贫佣耕以养其父。父殁，贷钱于里之富人裴氏，许身为奴，以偿所贷，得钱五千。营葬毕，忽道遇一妇人，求为永妻。永与俱诣钱主，令织缣三百以偿。一月而毕，辞永曰：“我天之织女，缘君至孝，上帝令我助君偿债。”言讫，凌空而去。⑥

故事的债主姓裴，而不姓傅；织的是缣，而不是绢；时间是一个月，而不是十天；是上帝派遣的，而不是织女主动来的；最后，织女一去不复返。

根据汉魏的故事和民间流行的《二十四孝图》整理而成的《孝行录》一书，正面是董永与七仙女槐荫分别的图画，后面有一段文字：

（汉）董永，家贫。父死，卖身贷钱而葬。及去偿工，路遇一妇求为永妻。俱至主家。令织缣三百匹乃回。一月完成，归至槐荫会所，遂辞永而去。

葬父将身卖，仙姬陌上迎。织缣偿债主，孝感动天庭。⑦

这虽是清代刊本，但文字显然是根据汉魏的文字记载，图像成于明末清初。

从以上引文看来，董永和天仙相配的故事，在汉、魏、晋历代相传。由于时代不同，传播的年代不同，环境不同，故事有着细微的差异，但有一共同点，即情节大体相同，基本上保持了民间故事的风貌，比较粗犷质朴，成为后来这类文学作品的雏形。

《董永卖身葬父》这个故事产生在西汉、盛传在东汉是有它的历史根源的。春秋以后，井田制崩溃，由于生产手段进步、劳动效率提高，耕地面积不断增加，出现了大量“私田”，人们可以自由买卖土地。西汉初年，在让人民休养生息的政策下，文景之治医治了战争的创伤，生产力得到恢复，社会上物质财富丰裕起来。到了元帝、成帝、哀帝、平帝时期，一代不如一代。那些豪强贵族、大官僚地主和大商人串通一气，疯狂兼并土地，使很多农民丧失土地。豪族们田连阡陌，跨州越郡，从农民那儿掠夺了大量的农产品，再以这些产品经营商业，放高利贷，残酷地剥削农民。“上无片瓦遮身体，下无寸土立足基。”有的农民被迫逃亡，有的农民则不得不依附豪族去做佣工。佣工的生活很悲惨，一遇到天灾人祸，便会倾家荡产，不仅卖妻鬻子，甚至出卖自身来偿债，沦落为豪门中的家奴，使社会上奴婢数量激增，农民起义不断涌现，绿林、赤眉农民大起义就是例证。

董永故事流传得较广的江苏省东台县的传说和遗迹，也曲折地反映了这种社会矛盾。离东台城三里的地方，有一个西溪镇，古代是临海县城，历史悠久，在秦前是吴的属地，汉代这里就很繁荣。清代刘积兰所著《彭城堂笔记》云：“广陵董永妇，王戚留川人。”西汉留川国（在山东）造反，有一个贫苦农女七妹随父逃难到东台的西溪，见董永卖身葬父，身受苦辛，很为同情，就嫁给董永。家贫无食，七妹就把藏在怀中的一张“蚕子”孵化，摘桑叶饲养。三年后，四乡八镇广为推广。七妹由于操劳过度，不久死去，遗有一子一女。乡亲们很怀念她，有人竟附会她原为七仙女下凡，现在已归天庭。1956 年电影《天仙配》上映以后，笔者曾查阅了全国有关地方志数十种，经过反复比较，在全国各县中，尤以东台县关于天仙配的传说与遗迹最多。[8]《东台县志》卷二十二传三摘引《晏溪志》材料云：

董永，西溪镇人。父亡贫无以葬，从人贷钱一万，以身作佣，毕，道遇一妇人，求为永妻。永与俱诣，钱主令织绢三百匹以偿。甫一月毕，辞永去曰："我，天上织女也。缘君至孝，上帝命我代为织绢。"言讫，凌空去。今西溪镇永与父墓并在焉。[9]

在这里，每个村庄、每座桥梁、每个地名，几乎都有一个动人的传说或者发人思考的故事。在西溪北面有一个小村庄，叫"傅家舍"，其中就有董永卖身给他一万钱的傅员外的故宅。在"抽丝井庵"之后有一土墩子，形似紫茄，俗名"茄儿垛"。旁有一水塘，叫"凤凰池"，七仙女和众姊妹常从天上来此沐浴，董永和七仙女就是在这里相识的。在离西溪不远的十八里河口，有一古槐，它历经沧桑，虽遭雷击，犹茁壮峥嵘，传说当年他俩就是在槐树下拜为夫妇的。在西溪附近有一个地方叫"桑家沟"，是后人不忘七仙女育桑养蚕的恩德。在"抽丝井庵"的院内有一古井，大旱之年不枯，是七仙女取水缫丝的地方，在抗日战争以前井上有六角亭，还有碑记。相传七仙女百日期满，天帝催归，董郎与七仙女依依惜别，在河边哭得难分难舍，后人就把这条河叫"辞郎河"，河边的村庄就叫"辞郎庄"。天帝把七仙女抓上天后，嫌弃她染了凡尘，命天将把她的心肝肠子放到河中洗净，于是这条河就叫作"肝肠河"，老乡们又叫它"洗肠河"。在西溪南仓桥附近，有一金钗井，又名"凤升井"，俗名"双井"。七仙女被天兵天将抓走时，董永拼命追赶，天将欲加害董永，七仙女连忙取下头上的金钗，在地上一划，遂成一条河，挡住董永的来路。她随手将金钗插在地上，金钗立即变成两口深井，一口在河东，一口在河西，两两相对。槐树所在地叫"荫庄"，又叫"殷庄"，亦说是董永殷切盼望七仙女重返人间，夫妻团聚的伫守处。七仙女上天后，生了一个男娃，她千针万线，做了很多童装、童鞋，忍痛把儿子送到人间，放在槐树下，托梦叫董永来领。放孩子的地方就叫"舍子头"，后来也成了一个村庄。董永一见是个又白又胖的小男孩，高高兴兴地抱了回去。他第一次做父亲，哪里会抱小孩子，孩子在路上哭呀叫呀，小脚乱蹬，把两只鞋都丢了。所以在辞郎河的西北边有两个小庄子，一个叫"东鞋庄"，一个叫"西鞋庄"，现在合叫"双鞋庄"。七仙女丢下爱子，不敢停留，怀着对董永的无限思念和对天帝的愤怒，摹云上天，回到凄清的天宫。在双鞋庄的西南边有个庄子就叫“摹云庄”。这里还有一个大庄子叫“鹤落”。原来，傅员外怕打赌输了，故意为难七仙女，给了她一大堆乱丝。她没有办法，只好烧难香请众姊妹相助。丝理好了，要一夜织十八匹绢缎，没有天梭不行。这时，正好有一只白鹤从空中落下，仙女们就叫它到天宫中取天梭。白鹤落脚处就叫“鹤落垈”。垈，就是田中的土垄。离西溪五六里，有一座古庙，叫“董永庙”，庙里有一砖坟，墓碑上写着“汉孝子董讳永之墓”。因为这里是董郎埋骨之所，所以人们为了纪念董永，就叫其“董家坟”，后改为“董贤乡”。在镇西北有个“八人垛”的遗址，传说汉代西溪有 64 个大地主，曹长者是首富（亦说董永卖身给一万钱的就是他），这里树木成荫，风景秀美，是这些“大寄生虫”宴游行乐的地方。他们山珍海味吃腻了，竟异想天开要吃鹅掌。曹某竟在鹅群上岸必经之地的“淌水桥”旁，特地砌了一条水巷，中铺铁板，下烧木炭，赶着成百上千的鹅群从烧红的铁板上通过。鹅脚掌上的嫩皮被烙在铁板上，惨叫声直冲天庭。玉帝知道后，认为“人间”（其实是极少数大地主）奢侈作孽，竟做出这种极不人道的事来，于是设法惩罚了西溪。一天，有个孝子在田里挖土，挖出一只精制的木盒，打不开来。他就带回去请母亲看，母亲刚打开盒盖，里面便飞出一把刀，把她杀死了。按照封建社会的法律，儿杀母是要屠城的。屠城后，西溪由盛转衰。后来，东台的政治、经济、文化中心就迁到东边台城去了。现在除“淌水桥”完好外，“杀母池”还有遗迹可寻。从汉代就流传下来的民谣“西溪有个儿杀母，自城抹角四十五”就生动地反映了这个故事。这虽是民间传说，并不完全可靠，但史料与传说相结合，也生动、曲折地反映了汉代豪强兼并、土地集中、贫富悬殊、董永被迫卖身的实况。相传建自汉武帝时的东广福寺后，有董永墓和董永父亲的墓。相传建自汉昭帝时的西广福寺的大殿上，还供奉着这 64 个地主的塑像[10]，一是说明西溪历史悠久，早在汉代这里就人烟稠密，生产发达，建有寺院；二是说明董永父子墓和 64 个地主塑像，也是从东汉时就同时供奉，绝非后代假托。

董永传说遗迹分布图

演变

发生在阶级斗争日益激烈时期的董永卖身故事，塑造了董永这样一个具有古代劳动人民优秀品质，反抗剥削压迫，为美好生活而斗争的农民形象；塑造了七仙女这个神化了的能深切同情被剥削者、被压迫者，用劳动来偿债、渴望过美好生活的农村妇女的形象，激起了广大人民的深切同情，受到群众的欢迎。这个具有绚丽的浪漫主义色彩的民间故事，两千年来一直在广大人民中间流传，家喻户晓，妇孺皆知，经久不衰，成为我国最富有民族特色和典型性的民间故事之一。它不仅在国内深受欢迎，而且在国际上相当有影响。

这个故事虽然表达了人民对地主阶级的嘲讽和憎恨、对劳动人民的赞美和热爱，但是在封建社会里，却遭到一些封建文人的任意改动，在刚健清新的民间文学中塞进了封建主义的内容，使之传播忠孝节义、因果报应等剥削阶级思想，为他们的政治需要服务。

《小董永卖身宝卷》（宝卷）中不仅美化了王员外，写王员外听说董妻（芝云仙姑，即七仙女）一夜织成十八匹绸绫之后，言而有信，履行了自己的诺言："赠你黄金五百两，再赠一千雪花银。柴米油盐我家有，一切之事可放心。"而且写了皇恩浩荡，董永被敕封为状元，后其子董震清也中了状元，被封为翰林，享尽荣华富贵，在鬼谷子的帮助下，又见到了生母七仙姑。[11]作者美化了地主阶级和皇帝，大大削弱了原作的民主精华。

《新刻董永行孝张七姐下凡槐荫记》（挽歌）中，写皇帝得知董永与仙女相配，"忙接董永进朝里"，"封他状元第一名"，打马游街。傅尚书还把女儿赛金嫁给他。七仙女以孩子相托。其子仲舒在赛金的抚养下，上京赴考，"君王赐他状元身，封他状元第一名，一家大小受皇恩。董永行孝事果真，留在世间永传名"[12]。这种"孝子卖身，仙人相助，父子高中，皇恩浩荡"的故事结局，正好符合封建统治阶级，尤其是最高统治者的需要。

《董永卖身张七姐下凡织锦槐荫记》（弹词）中也有不少笔墨美化"万贯家财无后根"的傅员外。当他听了董永诉说"昨日我父归阴去，衣衾棺木无分文。万分无奈将身卖，望祈员外发善心。若能与我银几两，回家买棺葬父亲。葬了父亲到你府，愿作奴婢使唤人"之后，假惺惺地叹了口气，说道：

可怜书生行孝人！古今孝子从头数，天下难有此后生。孟宗哭竹冬笋发，你比孟宗胜几分。书生随我家中去，与你散碎几两银，并不要你为奴仆，决不把你下看承，代我执掌家用账，二年三年凭你心。这里白银十两正，带回家中葬父亲。[13]

在作者的笔下，傅员外是一个非常通人性、同情劳动人民的忠厚长者，赛金小姐也是一个聪明、能干、贤惠的女性。她为七仙女精心抚养儿子天保，天保成年以后，做了翰林学士，合家富贵荣华。本来是血淋淋的农村破产，卖身为奴，阶级对立的悲惨图景，作者却抹上一层行孝有善报、豪门与家奴也可“结为婚姻”的阶级调和的色彩。

从以上征引的资料中可以看出，在封建文人笔下：债主是很仁慈慷慨的；董永对剥削者是知恩报恩的；天帝是很体恤劳苦人民的，主动派七仙女相助；地主阶级的总头目——皇帝，更是圣明得很，真是皇恩浩荡，泽被小民。列宁曾经指出：“所有一切压迫阶级，为了维持自己的统治，都需要有两种社会职能：一种是刽子手的职能，另一种是牧师的职能。”[14]作者巧妙地扮演了牧师的角色，通过董永的故事，宣扬了事亲至孝、吉人天相的封建主义思想，麻痹人民，要人民当顺民，从而放弃阶级斗争。

正如毛泽东同志所指出的那样：“真的、善的、美的东西总是在同假的、恶的、丑的东西相比较而存在，相斗争而发展的。”[15]尽管《天仙配》的故事在历代反动统治阶级文化专制主义的统治下，由于一些文人的歪曲和篡改，有不少地方失真，但是，其中仍然有不少民间文学作品朴素质直，刚健清新，如实地反映了社会矛盾，显示了强烈的人民性，塑造了董永和七仙女栩栩如生的艺术形象。在唐人写本的《董永行孝变文》中，董永十五岁时双亲俱亡，经牙人介绍，通过贱人行，以八十贯的身价卖与长者（阿郎）。与仙女相遇后，“俱至主家”，使长者“买一得二”，而付给的丝“计算钱物千匹强”[16]。“八十贯”的身价与“千匹强”的绢相差何异千倍，这是多么残酷的剥削，反映了当时高利贷之沉重，在现实生活中是无法偿还的。变文是一种宗教文学，虽然掺进一些封建统治阶级劝人行善、因果报应的思想意识，但在客观上仍暴露了放高利贷者的残酷。

在《董永遇仙记》（杂剧）中，写出了他们织绢的艰辛和想摆脱为奴作佣的愿望：

［醋葫芦］比及你三百匹绢帛完备的，她道是非同容易，这一场辛苦不轻微。

［浪里来煞］你道是愿为奴，愿作佣，你道是愿赎咱卖身契。想当初卓氏不希奇，妇人中古今谁似你！若是我有朝一日荣贵，那时节报答你个大贤妻。⑰

《大孝记》（讲评）写董永在父死后，母又因心气病而死，全赖街邻赊欠棺木收殓。二七之后，“头上插了一根草”，长街卖身，傅家以三十两银子买去，答应“三年孝满才来上工”，又卖了傅家一块穴地，言明要收地脉钱。董永丧事过后来查账，结果是：

话说傅华账目查毕，便向董永说道：“蔡家庄阴地一穴，要银二百五十两，让你五十两，还该二百两。衣棺银三十两，本利共该五十两。人工、食费、修房该银二十两，总共二百七十两。写下文约，以好每年行利。快快写来！”

董永听得傅华算，唬得汗湿胆战惊。“我说只有三十两，谁知二百七十银！今生未必还得了，来世三代算不清。”

话说傅华的妻子张氏，在内听得董永啼哭，出来就问：“员外莫非与他算多了？”傅华说道：“他葬母阴地一块，并修坟工费，只有二百七十两起利，也不为多……”⑱好一个“只有二百七十两起利，也不为多”，地主阶级利用高利贷强取豪夺，重利盘剥失去土地的农民，地主婆的假仁假义，绘声绘色，被刻画得入木三分。

《小董永卖身宝卷》写芝云仙姑与董永成婚后，夫妻从王员外家私逃出来。王员外发觉后，立刻以“你有卖身契”为凭，亲自到董永门上来要人：

芝云仙姑哀哀哭：“恳求员外还郎君。若肯还我亲丈夫，来生投胎报大恩。看我夫妻家中苦，要求员外发善心。如若把我丈夫还，情愿与你织绸绫……”员外听说哈哈笑，叫声：“贱人莫费心，听你都是虚言语，还你丈夫万不能。若说要把董永还，你到我家织绸绫。我有绸绫十八匹，限你一夜要织成。倘然一夜织不好，还要拷打赶出门。一夜织好十八匹，还你丈夫转家门。”[19]

“一夜织好十八匹”，这是一个非常苛刻的条件，一般人根本办不到。这里先写王员外的伪善，继而揭露了王员外的贪婪与残暴，表现了劳动人民对为富不仁的地主阶级的不满和憎恨。

《小董永卖身宝卷》《大孝记》等作品中，董永是一个农民的形象，他善良、憨厚、朴实、勤劳，很受人同情和怜爱。七仙女这一艺术形象也逐渐丰满，她聪明、能干，勤劳、乐观，不慕富贵功名，忠于爱情，她已不再是“神女”了，而是一个活泼可爱的农村少妇的形象，可敬可佩。

在戏曲《董永卖身天仙配》中，七仙女的形象更丰满，更人情化、生活化，也更劳动妇女化了。她向往幸福，爱慕人间男耕女织的劳动生活。她不甘受天庭清规戒律的束缚，不再是玉帝唯唯诺诺的使者，而是概括和集中了古代劳动妇女的一切优秀品质和性格特征、深受广大人民群众欢迎的艺术典型[20]。

在《孝子图》《搜神记》《槐荫记》等作品中，天帝是至高无上的，具有无穷的权威。他限定七仙女何时返天庭，七仙女片刻不敢迟延，更不用说口出怨言了。但在《卖身记》（传奇）中，七仙女却敢于控诉天帝的皇权思想、封建专制主义：

（前腔）……［旦］董郎你有所不知，玉帝命我午时下凡，午时归天。若迟时刻，谪贬仙姬，罪及罪及难饶恕。［生］和你夫妻情。［旦］顾不得夫妻情。［生］恩和义。［旦］顾不得恩和义。割断同心，分开连理。抛弃。［扯生倒地介］［旦］玉皇呵，玉皇！你好坑陷杀人。既叫我下凡，何须要我归天？既教归天，何须要我下凡？你看董郎见说“分离”两字，两泪汪汪倒在地。夫呵，你不忍舍得妻子，难道妻子舍得你？莫说百日夫妻了，就是一夜夫妻百夜恩，百夜夫妻海洋深。你那里难舍，我这里难分。忍见君哀告惨凄，哀告惨凄！苦，天哪！不由人肝肠裂碎。[扶生起介]［生］妻呵！［旦］夫，在这边。［合］分离去，又未知何年月日再得共鸳帏，何年月日再得共鸳帏！㉑

生离死别，字字血，声声泪，淋漓尽致地控诉了玉皇对他们的迫害。“玉皇呵，玉皇！你好坑陷杀人。”这是多么大胆的对皇权的抗议！

让我们再看看《岔曲》（小调）吧：

仙姑见此景，腹内转柔肠：“有心不回天堂去，父王降罪难承当；无奈回转天堂去，怎舍夫妻恩爱长？心惨切，怨父王，早知恩爱不长久，何必凡间走一场？这才是成也萧何，败也萧丞相。从今后天上人间两渺茫！”㉒

作者用细腻的笔调，抒发了内心的怨恨，如泣如诉地揭示玉帝是造成人间悲剧的祸根。

流传在黑龙江齐齐哈尔一带的民间故事《七仙女下凡》更强烈地反映了广大人民的愿望。故事情节是这样的：

董永是个樵夫，与寡母相依为命，生活过得很愁苦。有一天，母亲得了重病，想吃肉馅饺子，董永没钱买肉，就上山打猎。一只白兔子被他捉到后，口出人言求饶。董永心好，就放了它。它就地一滚，变成一个白胡子老头儿。老头儿为了报恩，把自己的女儿嫁给了董永。她原来是王母娘娘的第七个女儿，从天宫出来的，认了兔大哥做干爹。王母不同意她嫁给凡人，派天兵把她捉了回去。在兔大哥的帮助下，董永上天去找七仙女。王母把七个女儿打扮得一模一样，如果董永认出她来就领走。董永没有认出。后来七仙女托梦给董永，教他一个好主意。第二天，董永又带着一子一女上了天。王母更怒了，如果认不出，就将他们父子三人都杀死。七个姑娘谁也不敢吭声。董永将一子一女“摔”到地上，又一人一巴掌，两个小孩“哇”的一声哭起来。有个姑娘转过身去哭了，董永高兴地抓住她。她就是七仙女。尽管王母气得发疯，骂她“好个不要脸的丫头”，七仙女仍然坚持要到人间去，董永也要王母履行自己的诺言，结果夫妻二人带着孩子回到人间，过着男耕女织的幸福生活。[23]

《七仙女下凡》这个故事中的七仙女，已从传统的对玉帝（或王母）的唯命是听，发展到敢于反抗王母，竟然敢于托梦给董永，让董永闹到天庭上，坚持要到人间去过男耕女织的劳动生活；董永的性格也从善良忠厚、安于天命，发展到敢于反抗、不屈不挠、大闹天宫，这需要多大的勇气和反抗精神！从《天仙配》到《七仙女下凡》，这是一个大飞跃，思想性和艺术性都有很大提高。这个喜剧式的结尾，不同于现在流行的悲剧性的结尾，痛快淋漓，体现了人民群众美好的愿望。尽管这在阶级社会中是不可能实现的，但人民群众对此还是喜闻乐道的。

《天仙配》中的七仙女是千百年来人民理想的化身，是追求自由幸福、敢于反抗封建统治的代表人物。董永卖身葬父，夫妻被迫分开，反映了封建社会农民与地主阶级的矛盾。在历代相传中，故事的情节日益丰富，思想性和艺术性都有很大提高，人物性格也有很大的发展，主题也渐趋深刻，成为我国家喻户晓、脍炙人口的民间神话故事，七仙女也就成了民间文学的典型形象。

影响

《天仙配》是中国历史悠久、长期流传、脍炙人口的著名传统故事，是我国珍贵的民族文化遗产，对历代文学和民间艺术产生了很大的影响。

第一，“董永卖身葬父，遇玉帝七女下凡，天仙相配”的故事，成为西汉刘向、东晋干宝等人的文学创作题材，引起著名诗人曹植对农民疾苦的同情，生动形象地反映了西汉豪强兼并土地，农民丧失土地，沦为奴婢，过着牛马不如的生活的严峻的社会现实。

第二，这个故事也影响到后代的绘画、雕刻等。东汉永嘉的武梁祠石刻画像是我国古老的石刻，编绘了很多历史故事。如夏代暴君桀以女奴做坐凳的画像，暴露了奴隶主的残酷。根据《董永卖身》绘制的绘画，深刻地反映了西汉的阶级矛盾，对后代的绘画影响很大。鲁迅论述中国版画学习继承传统的问题时，就希望画家们学习汉代的石刻、明清的书籍插画、民间年画。[24]据我所知，明清刊本中的各种插图，如《遇仙记》《织锦记》《人镜阳秋》《百孝图》《孝行录》《董永卖身葬父》等，莫不受武梁祠石刻画像的影响。这些绘画、插图全取材于董永卖身、天仙相配的故事，民间的情调和色彩很浓，可以看出作者对所描绘的人物的深刻同情。

第三，到了明清时期，天仙配的故事对俗文学和戏曲有深刻的影响，被人民群众编成丰富多彩的变文、宝卷、挽歌、小曲、评讲、弹词、鼓书、杂剧、传奇，以及各种地方戏，盛极一时。这些下里巴人的民间文学，有一定的人民性，反映了人民群众对董永悲惨遭遇的深刻同情，对不慕富贵、对爱情忠贞不渝的劳动妇女的典型——七仙女的由衷赞美。其中影响较大的有《董永行孝变文》（变文）、《小董永卖身宝卷》（宝卷）、《张七姐下凡槐荫记》（挽歌）、《大孝记》（评讲）、《董永卖身张七姐下凡织锦槐荫记》（弹词）、《劈破玉》（小曲）、《寄生草》（小曲）、《岔曲》（小曲）、《背工》（小曲）、《董永卖身天仙配》（安徽黄梅戏）、《百日缘》（楚剧）、《华容会》（湖南花鼓戏）等。这些民间文学在描写和刻画人物的技巧上日益细腻成熟，逐渐由诉诸听觉的口头文学转变为能说能唱的通俗文人的书面文学，无论是对人还是对神的描写，都更具有人情味。而《天仙配》和《槐荫记》两部影片，都是根据安徽黄梅戏《董永卖身天仙配》改编的。楚剧《百日缘》也源于黄梅戏等地方戏曲，被拍成舞台艺术片后，传播更广，更受欢迎。这些影剧，尤其是严凤英、王少舫主演的影片《天仙配》轰动了海内外，誉满全球。这有力地说明了《天仙配》舞台剧本或电影文学剧本的产生源远流长。民间文学乳汁的哺育，群众基础的丰厚，喜闻乐见的民族形式，是它获得巨大成功的因素。

大型神话剧《七仙女送子》（又名《天仙配续集》）[25]，描述了七仙女将儿子送回人间后，傅华员外为了得到仙女之子，将来可以考中状元，永享荣华富贵，极力争夺其子董仲的故事。董永不为暴力所屈，拒绝做傅员外的女婿，也不上傅女玉兰美人计的圈套，后在王母和观音大士的帮助下，傅华、傅贵皆搬起石头砸自己的脚，自食其果，坠谷身亡。董永与其子重新团圆，共享天伦之乐。我们且不论《七仙女送子》编剧的思想与艺术水平如何，仅就这个戏的渊源来说，它不是凭空写出来的，而是在《大孝记》（评讲）、《小董永卖身宝卷》（宝卷）等民间文学的基础上改编而成的。《大孝记》基本上由“董永卖身”“槐荫分别”“高中荣归”“仙姬送子”四个故事组成，前面两个故事与今天的《天仙配》影剧基本相同。后面两个故事所写内容如下：董永在槐荫树下与仙姑分别后，发愤苦读，上京赶考，中了状元。傅华争着将女儿赛金许配给董永，宰相赵京善又强行将女儿赵金定许配给董永。后经皇帝裁决：傅赛金为诰命夫人，赵金定为次室。董永被委派到黄州做知府。仙姑在天宫生下一子，送交赛金抚养，取名董仲书。后来董仲书在卜师袁天罡的指引下，到会仙桥找到了自己的母亲。《小董永卖身宝卷》的故事情节稍有不同：董永与仙姑分别后，其卖身葬父事为皇帝所知，被敕赐为状元。仙姑所生之子由乳母马氏抚养，取名董震清，后来也中了殿试第一名，并在鬼谷子的帮助下见到了母亲。《七仙女送子》将民间文学中封建性的糟粕扬弃，这是好的；但人物的言行更趋现代化，被编者拔得过高了。在汉代，孝子董永是否有这样强烈的阶级意识和反抗精神，是值得研究的。《天仙配》的故事，不仅影响了当代的文学创作（主要是戏剧创作），还将继续影响将来的文学创作。如何吸取民间文学《天仙配》中的民主性的精华，剔除封建性的糟粕，是一个值得人们研究的课题。

从《天仙配》的起源和演变来看，这一民间文学完全是植根在我国的肥沃土壤中，有自己的文化渊源和个性特点。但从五四运动后，有人致力于将印度文学与中国文学结合起来研究，这是颇有意义的。早在一九二七年，郑振铎就在《研究中国文学的新途径》一文中提出“中国文学的外化考”的论点。他说：

无论什么人，都曾异口同声的说过，中国的文学乃是完全的中国的，不曾受过什么外面的影响与感化的。这乃是爱祖国的迷雾，把他们的心眼蒙蔽了。只要略略的考察一下，便可知我们的文学里，有多少东西是由外面贩买来的。最初是音韵的研究，随了印度的佛教之输入而输入。而印度及西域诸国的音乐，在中国乐歌上更占了一大部分的势力。其后，佛教的势力一天天的膨涨了，文艺思想上受到了无穷大的影响……

还有，我们重要的民间文学，如弹词，佛曲与鼓词，也都是受印度影响而发生的。这个外来感应的痕迹，比之小说与戏曲尤为明显……而弹词与鼓词，却又是完全由佛教蜕化而成的。

这都是仅仅略为提一提的，然而已足使迷信国粹的先生们吃一个大惊了。将来如果有一部《中国文学外化考》出来，恐怕材料将要搜集得更多……[26]

中国文学受印度文学的影响是有的，文化交流促进了两国文化的发展。但我们有自己土生土长的东西，它们并不是都来源于印度文学，“由外面贩买来的”。吴晗在《中国历史常识》一书中说：“东汉初年，中国已经有人信仰佛教，正史有记载。”但当时影响不太大，东汉以后（220 年），佛教才在中国传播开来。南北朝和隋唐是佛教的鼎盛时代。而《天仙配》的故事产生于西汉中叶前，早于佛教传入中国的时期。由此可见，它是“国产”的，并非“舶来品”。

一九二七年，许地山在《梵剧体例及其在汉剧上底点点滴滴》一文的“引端”中说：

我将这个有趣的问题提出来和同志们商量，希望大家能在中国文学史底破纸堆里找出一段中印思想活动底连环……从文体上比较起来，两方固然有许多相同之点；但是两方文学互相影响底史实，我还找不出许多来。我所谓“史实”，便是同一种材料在两方的文学中都可以找得出来底事情。如我国猴精孙悟空与印度猴王诃奴曼（Hanuman）底神变事迹，孝子董永遇天女与散答奴（Shantanu）与天堂河神女殑伽底奇遇，都是鳞鳞爪爪不能一概论定。[27]

许地山根据敦煌石窟发现的、现存伦敦大学博物馆的《孝子董永传》考证，不仅“本文底佛教思想，与印度传说显有直接关系”，而且“文体”上也有“因革”之处：

最可注意的是在《孝子董永传》后头，随着一首《太子赞》，其开头一句便是“听说牟尼佛初学修道时，归宫启告父王知道，……”。这“听说”自然是“如是我闻”（Evaṁ mayā śrutam）底唐话译。故自“如是我闻”而至“听说”，乃至“话说”，其中的因革并不是很模糊的。[28]

他分析《孝子董永传》受佛教思想的影响，这是可能的。但论述时没有郑振铎那样主观臆断。从敦煌莫高窟发现的丰富的唐宋时期以变文为主的说唱文学，我们可以看出佛教思想的影响，但《天仙配》究竟与印度佛教思想有什么关系，还缺少足够的证据。至于“听说”就是“如是我闻”的“唐话译”，也仅仅是从形式上来比较的，难免有些牵强附会。郑振铎认为没有佛经传入，我们连“话说”这一词汇都不可能产生，这也不符合丰富多彩、富有表现力的汉语实情。

结语

鲁迅在论述《红楼梦》问世之后各个阶级有着不同观点时说：“经学家看见《易》，道学家看见淫，才子看见缠绵，革命家看见排满，流言家看见宫闱秘事。”[29]

《红楼梦》是这样，《天仙配》也不例外。历代各个阶级、各个阶层对它都持有不同的观点，并围绕《天仙配》进行了一场斗争。有些封建卫道者从这个故事中看见了“孝”。如北洋军阀政府把《百孝图》翻印成《男女百孝图全传》，滥肆发行，还说它是“家庭教育的好模范”。他们津津乐道于孟宗哭竹、郭巨埋儿、董永卖身等孝道，就是要奴隶们对吃人者“尽忠”，让他们的统治可以得到巩固。有些宗教迷信者从这个故事中看见了“神”。唐人写本《董永行孝变文》和宋以后的《小董永卖身宝卷》等作品，写作意图是宣传受苦受难，神必相助。“董君如今行孝义，见君行孝感天堂，数内一人归下界……”（变文）“董永宝卷初展开，诸佛菩萨降临来。善男信女虔诚听，增福延寿免消灾。”（宝卷）虽然它们取材于佛教故事，宣扬因果报应、地狱轮回的宗教思想，但在客观上也暴露了地主阶级（阿郎）的残暴，高利贷者手段的毒辣、阴险。《大孝记》作者原本赞美傅员外，渲染“神”的力量，结果在客观上暴露了傅员外前倨后恭、见风使舵、讨好逢迎的嘴脸。傅员外一上来先是高利贷，把董永欠债的本利加到二百七十两，还说“不多”。后见董永中了状元，弟兄俩争着要以妹赛金相许。有些封建文人从这个故事中看到了“艳”。对董永卖身葬父这个悲惨境遇，他们不屑一顾，而对“道旁偶遇一佳人，槐荫树下结为姻。五百年前曾结会，这段姻缘天作成”这样的浓词艳句，却非常欣赏。[30]他们改编时，在“路遇”“槐荫为媒”“仙姬送子”等情节上大做文章，追求神奇、浪漫的情节，大大削弱了戏剧的人民性。

根据列宁关于两种文化的理论[31]，每个民族的文化里面，都包含着统治阶级的文化、劳动群众和被剥削群众的文化，而过去，占统治地位的文化从来就是统治阶级的文化。不容忽视的是，在阶级社会中，占统治地位的统治阶级的思想和文化，都给劳动群众和被剥削群众的思想和文化以影响和腐蚀，劳动者本身也有时代的局限性，使他们产生封建迷信、因果报应等思想，但是人民总是采取进攻的态度。正是由于它为广大劳动人民所喜闻乐见，代代相传，才有可能保留了这样的作品，这是劳动群众和被剥削群众的思想和文化的胜利。因此，有关《天仙配》的民间文学中，精华与糟粕俱存，也就不足为奇，不能苛求前人了。我们在研究《天仙配》民间文学遗产时，要用历史唯物主义的观点审慎地加以分析，注意区分民主的精华和封建性的糟粕：哪些是代表历史上进步阶级的思想，哪些是统治阶级附会上去的反动思想。无产阶级在对待过去时代的劳动人民的创作时，也必须采取批判的态度，绝对的肯定或绝对的否定都是不可取的。

高尔基在谈到人民口头创作的认识作用时，曾经指出："如果不知道人民的口头创作，那就不可能懂得劳动人民的真正历史。"[32]郭沫若也强调："民间文艺给历史家提供了最正确的社会史料。过去的读书人只读一部二十四史，只读一些官家或准官家的史料。但我们知道民间文艺才是研究历史的最真实、最可贵的第一把手的材料。因此要站在研究社会发展史、研究历史的立场来加以好好利用。"[33]董永卖身、天仙相配的故事，也具有历史的认识作用。透过重重的历史面纱，从纷繁的生活折光里，我们看到了西汉的阶级压迫、农民的悲惨境遇，为帮助后人正确地了解汉代社会的历史，提供了文学上的佐证。

当然，《天仙配》是经过群众集体艺术加工的民间文学，不等于历史。除有历史的认识作用外，它在文学上还有借鉴继承的作用。《大孝记》中写道，傅员外的大公子傅大想要娶七仙女为妻，仙姑叫他按彩礼单办聘礼，缺一不可，上面都是人间办不到的东西，如"七两太阳八两月，三两清风四两云……"。结果"傅大将单来查看，唬得浑身战兢兢"，"这些礼物何处有，要想成亲万不能"。七仙女以她的机智摆脱了公子哥儿的纠缠。《新刻董永行孝张七姐下凡槐荫记》（卷下）中写道，傅尚书公子傅郎君想调戏七仙女，被七仙女用雷火烧光了他的眉毛和头发，烧焦了他的面孔，以示惩罚。这些都体现了民间文学情节生动、想象奇特、妙趣横生的特色。又如《董永》（岔曲）文辞很美，艺术性很高，都可作为发展和繁荣社会主义新文化的借鉴和参考。影片《天仙配》已采民间文学之长，在思想性和艺术性上都达到了一定的水平，它的成功是无可非议的。但从改编民间戏剧来看，它还没有将应该吸收的精华融入剧中，因而影响了戏剧主题的深刻性和艺术的完美性。这些还有待于我们继续研究和探索。

◈注释：

①《太平御览》，宋李昉等撰。

②《董永沉香合集》，杜颖陶编，“引言”第一页，上海出版公司。

③《武梁祠画像》，唐人拓本，清人复制，有古代帝王、忠臣、义士、孝子、贤妇一百六十二人，南京图书馆收藏。

④《全汉三国晋南北朝诗》，丁福保编，中华书局 1959 年 5 月版。

⑤《搜神记》，晋干宝撰、汪绍楹校注，中华书局 1979 年 9 月第一版。

⑥《青州府志》，卷 64，第 9 页。

⑦《孝行录》，清道光甲辰莱香堂本。

⑧《东台的董永祠墓及其传说》，《新华日报》副刊“江苏古今谈”，1956 年 12 月 10 日。

⑨《东台县志》，周右等编，清嘉庆二十一年版。《晏溪志》为西溪宋代的方志，因北宋宰相晏殊曾在此做过盐官，故名晏溪。

⑩ 出处同⑨。

⑪《小董永卖身宝卷》（宝卷），上海惜阴书局石印本。

⑫《新刻董永行孝张七姐下凡槐荫记》（挽歌），清末湖南益阳头堡姚文元堂刊本，亦名《董永行孝张七姐下凡鹊桥会》。

⑬《董永卖身张七姐下凡织锦槐荫记》（弹词），上海槐荫山房及元昌印书馆石印本。

⑭《第二国际的破产》，《列宁全集》第 21 卷，人民出版社。

⑮《关于正确处理人民内部矛盾的问题》单行本第 21 页，人民出版社。

⑯《中国俗文学史》，郑振铎著。

⑰ 明嘉靖刊本《雍熙乐府》，卷十四。

⑱《大孝记》，清末四川铜邑森隆堂刊本。

⑲ 出处同⑪。

⑳《董永卖身天仙配》（戏曲），安徽安庆坤记书局刊本。

㉑《卖身记》（传奇），清顺治辛丑刊本《万锦清首》。

㉒《北京岔曲》（小曲），清末抄本。

㉓《七仙女下凡》，李书田整理，《民间文学》1961 年 4 月号。

㉔ 鲁迅在 1935 年 2 月 4 日致李桦的信中说："所以我的意思，是以为倘参酌汉代的石刻画像，明清的书籍插画，并且留心民间所赏玩的所谓'年画'，和欧洲的新法融合起来，许能够创出一种更好的版画。"《鲁迅书信集》（下卷），人民文学出版社，1976 年 8 月第一版。

㉕ 安徽黄梅戏演出剧本。

㉖《小说月报》第 17 卷号外，上册 12-13 页，商务印书馆，1927 年 6 月。

㉗ 发表在郑振铎主编的《小说月报》第 17 卷号外中，后收入郑振铎编《中国文学研究》下册。

㉘ 出处同㉗。

㉙《〈绛洞花主〉小引》，《鲁迅全集》第 7 卷，人民文学出版社，1957 年版。

㉚ 明刊《南北时尚雅调万曲合选》。

㉛《关于民族问题的批评意见》，《列宁全集》第 20 卷 6-7 页，人民出版社，1958 年版。

㉜《苏联的文学》，见《文学论文选》，曹葆华译，人民文学出版社，1958 年版。

㉝ 郭沫若在中国民间文艺研究会成立大会上的讲话《我们研究民间文艺的目的》，载《民间文艺集刊》第 1 册，中国民间文艺研究会编，1950 年出版。1980 年 5 月，该文又被收入《中国民间文学论文选》（上册），第 17 页，上海文艺出版社出版。

（本文发表于《民间文学论坛》1983 年第 1 期，有改动）

琼港渔民号子

起重号子

1=A $\frac{2}{4}$
中速

陆家友等演唱
周克勤 记谱

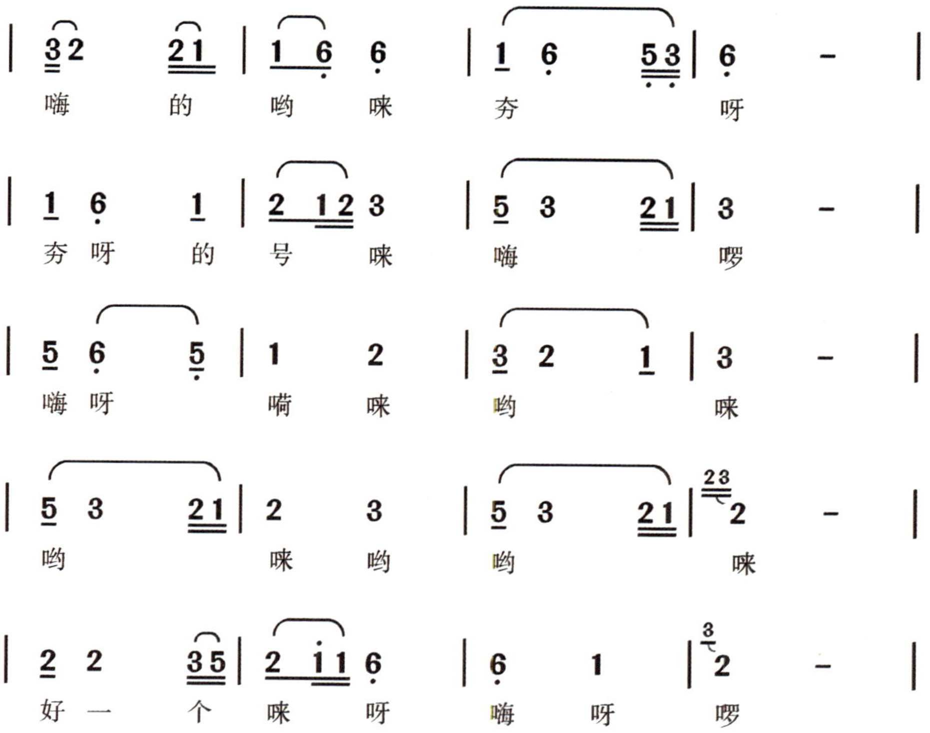

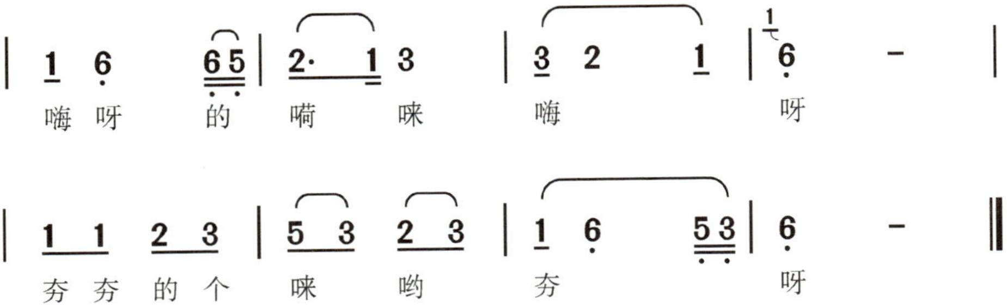
嗨 呀 的 嗬 咪 嗨 呀
夯 夯 的 个 咪 哟 夯 呀

盘车号子

1=F 3/4 3/4

陆家友等演唱
周克勤 记谱

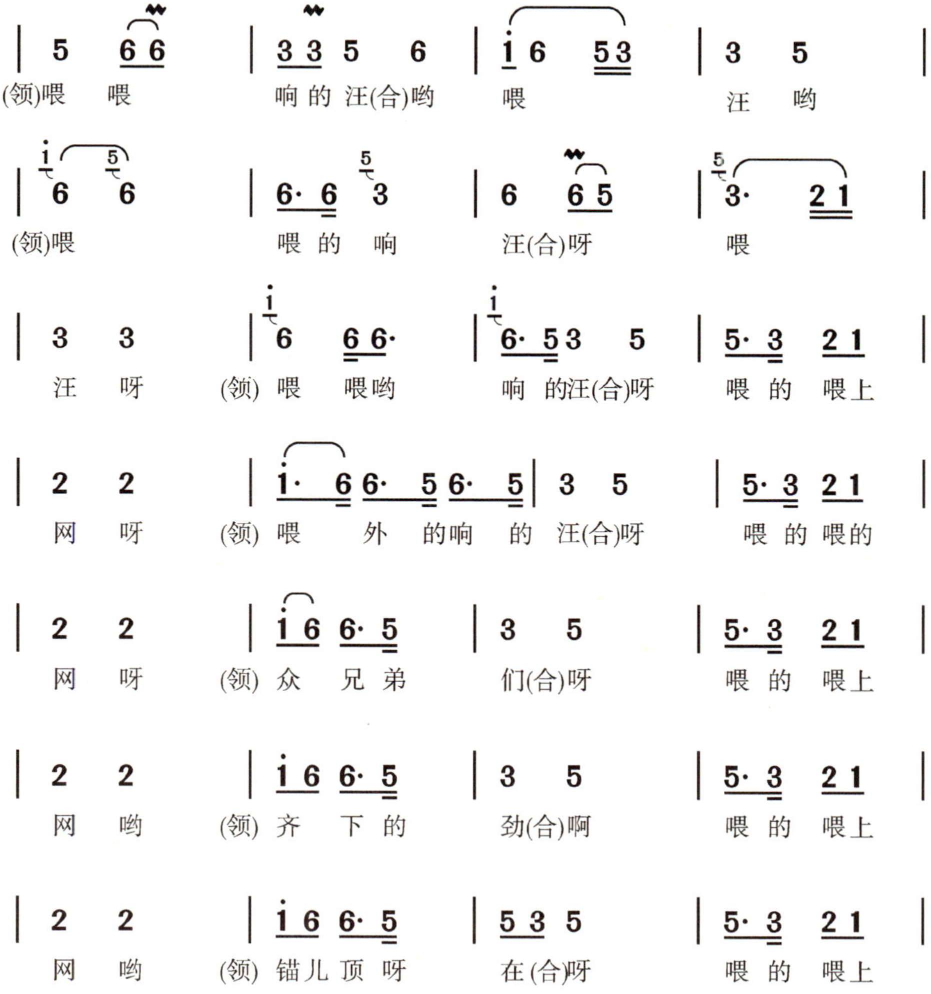

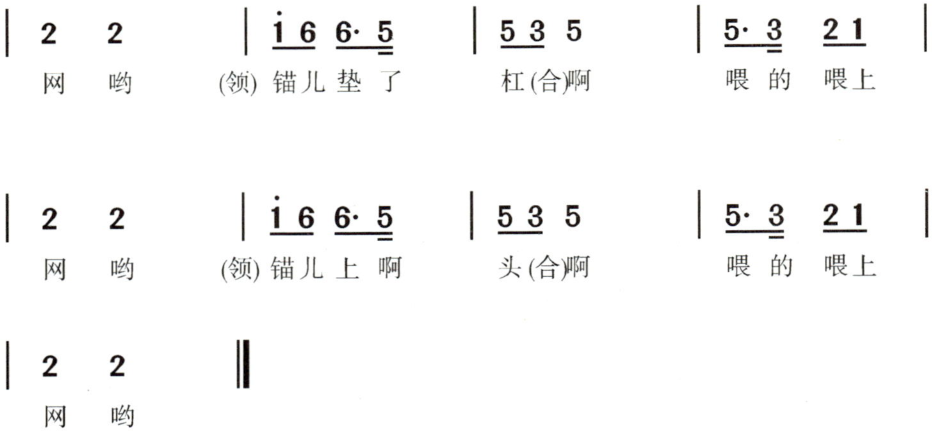
2 2 | i 6 6· 5 | 5 3 5 | 5· 3 2 1 |
网 哟 (领) 锚儿垫了 杠(合)啊 喂的 喂上
2 2 | i 6 6· 5 | 5 3 5 | 5· 3 2 1 |
网 哟 (领) 锚儿上啊 头(合)啊 喂的 喂上
2 2 ‖
网 哟

扯篷号子

1＝♭B $\frac{4}{4}$

陆家友等演唱
周克勤 记谱

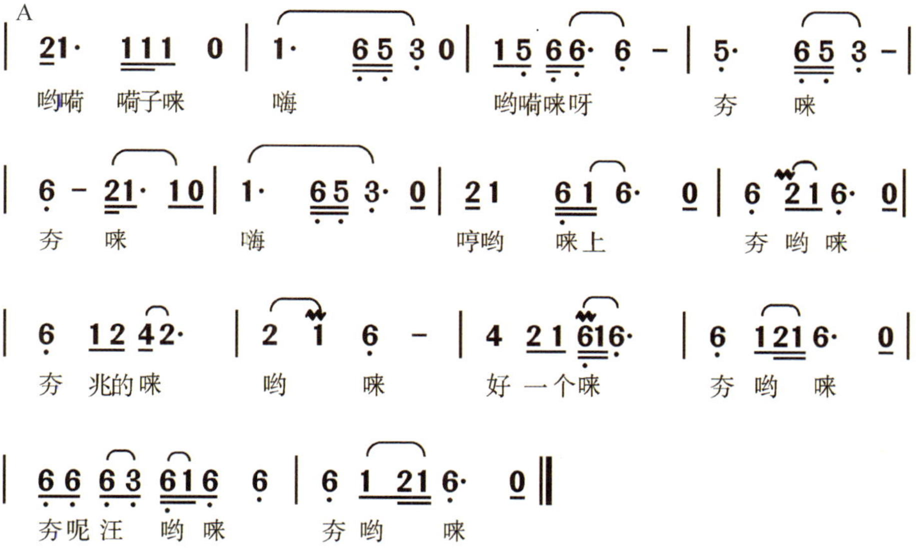

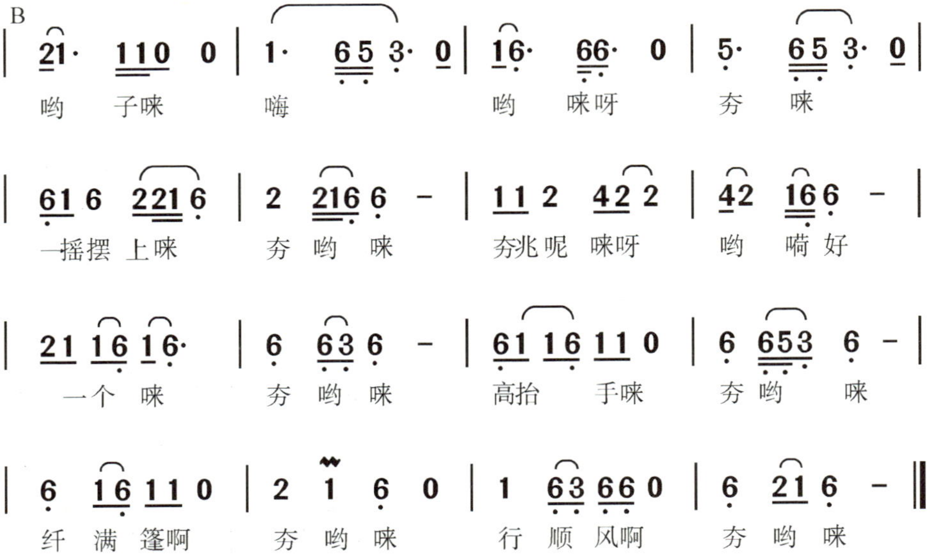
B
哟 子咪 嗨 哟 咪呀 夯 咪
一摇摆 上咪 夯 哟 咪 夯兆呢 咪呀 哟 嗬 好
一个 咪 夯 哟 咪 高抬 手咪 夯哟 咪
纤 满 篷啊 夯 哟 咪 行 顺 风啊 夯 哟 咪

测水号子

1=G

陆家友等演唱
周克勤 记谱

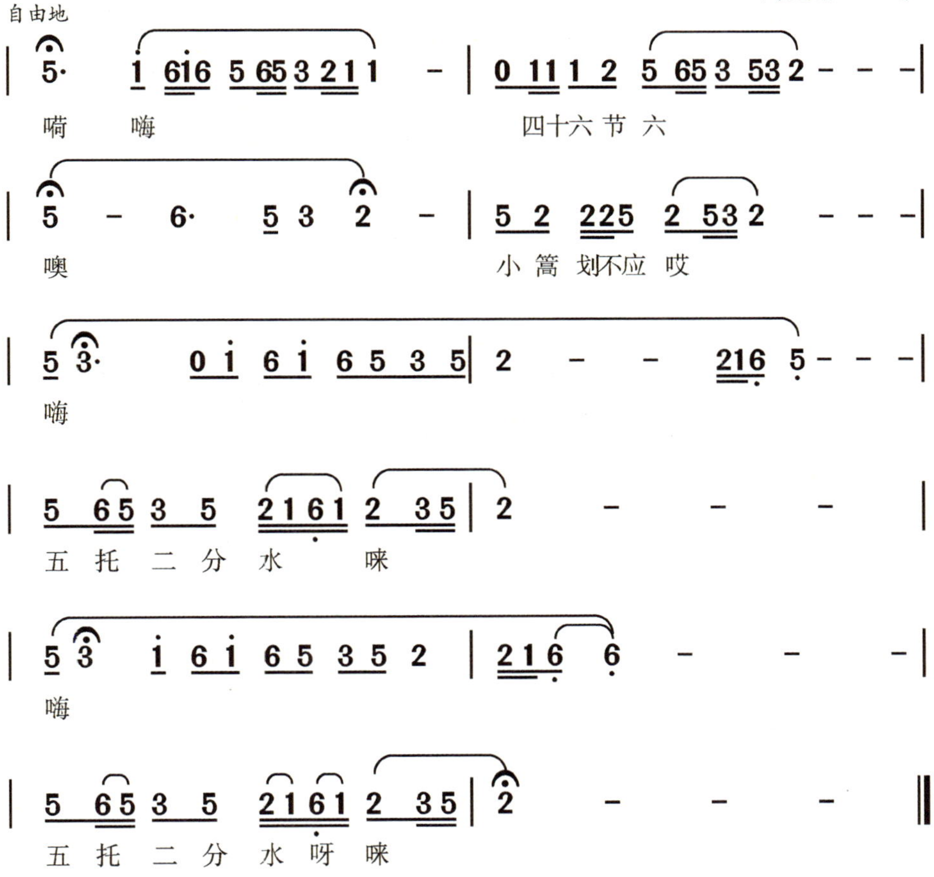

吊货号子

陆家友等演唱
周克勤 记谱

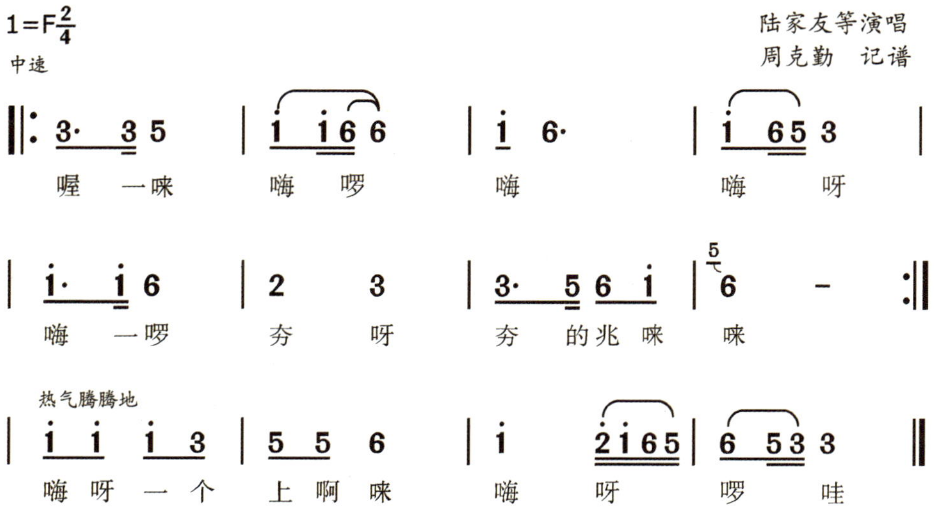

挑担号子

1＝♭B $\frac{4}{4}$ $\frac{3}{4}$

陆家友等演唱
周克勤　记谱

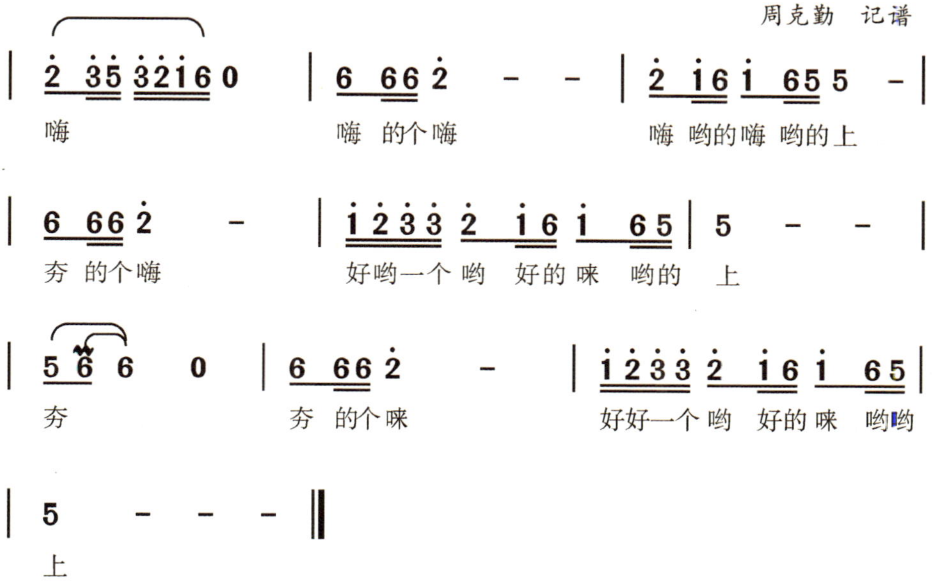

水乡号子

抛　秧　歌

(女声表演唱)

1=E $\frac{4}{4}$

作词　凡国栋　武仲平
作曲　周克勤

中速 满怀喜悦地

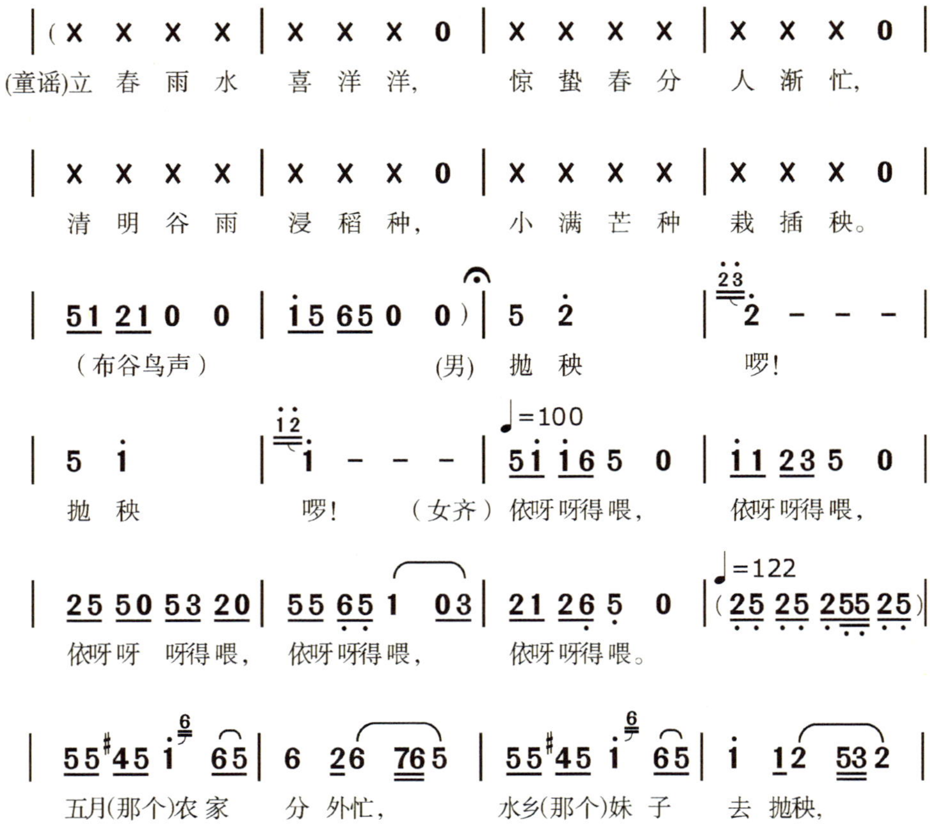

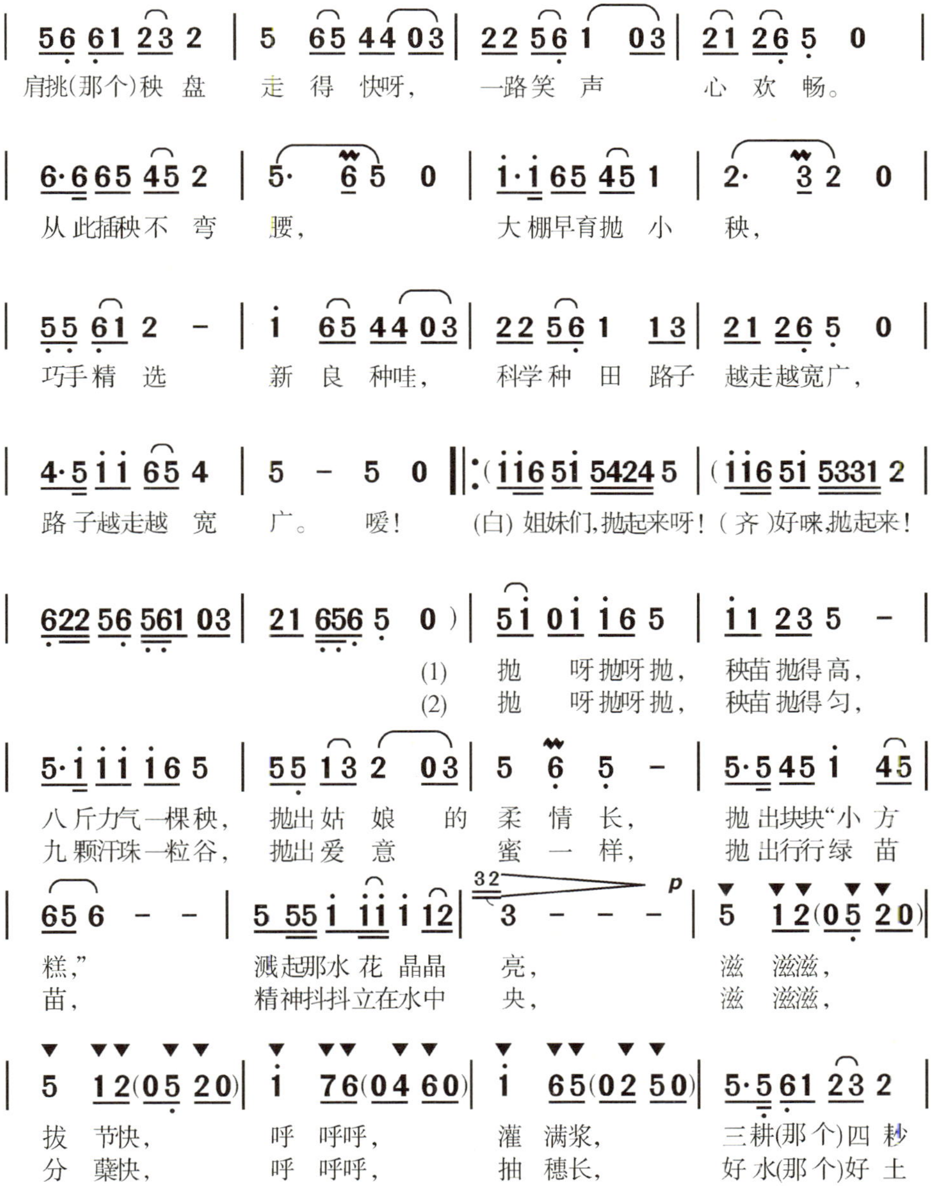
肩挑(那个)秧 盘 走 得 快呀, 一路笑 声 心 欢 畅。
从 此插秧不 弯 腰,
大 棚早育抛 小 秧,
巧手精 选 新 良 种哇, 科学种 田 路子 越走越宽广,
路 子越走越 宽 广。 嗳!
(白) 姐妹们,抛起来呀!(齐)好咪,抛起来!
(1) 抛 呀抛呀抛, 秧苗抛得高,
(2) 抛 呀抛呀抛, 秧苗抛得匀,
八斤力气一棵秧, 抛出姑 娘 的 柔 情 长, 抛出块块"小 方
九颗汗珠一粒谷, 抛出爱 意 蜜 一 样, 抛出行行绿 苗
糕," 溅起那水 花 晶晶 亮, 滋 滋滋,
苗, 精神抖抖立在水中 央, 滋 滋滋,
拔 节快, 呼 呼呼, 灌 满浆, 三耕(那个)四 耖
分 蘖快, 呼 呼呼, 抽 穗长, 好 水(那个)好 土

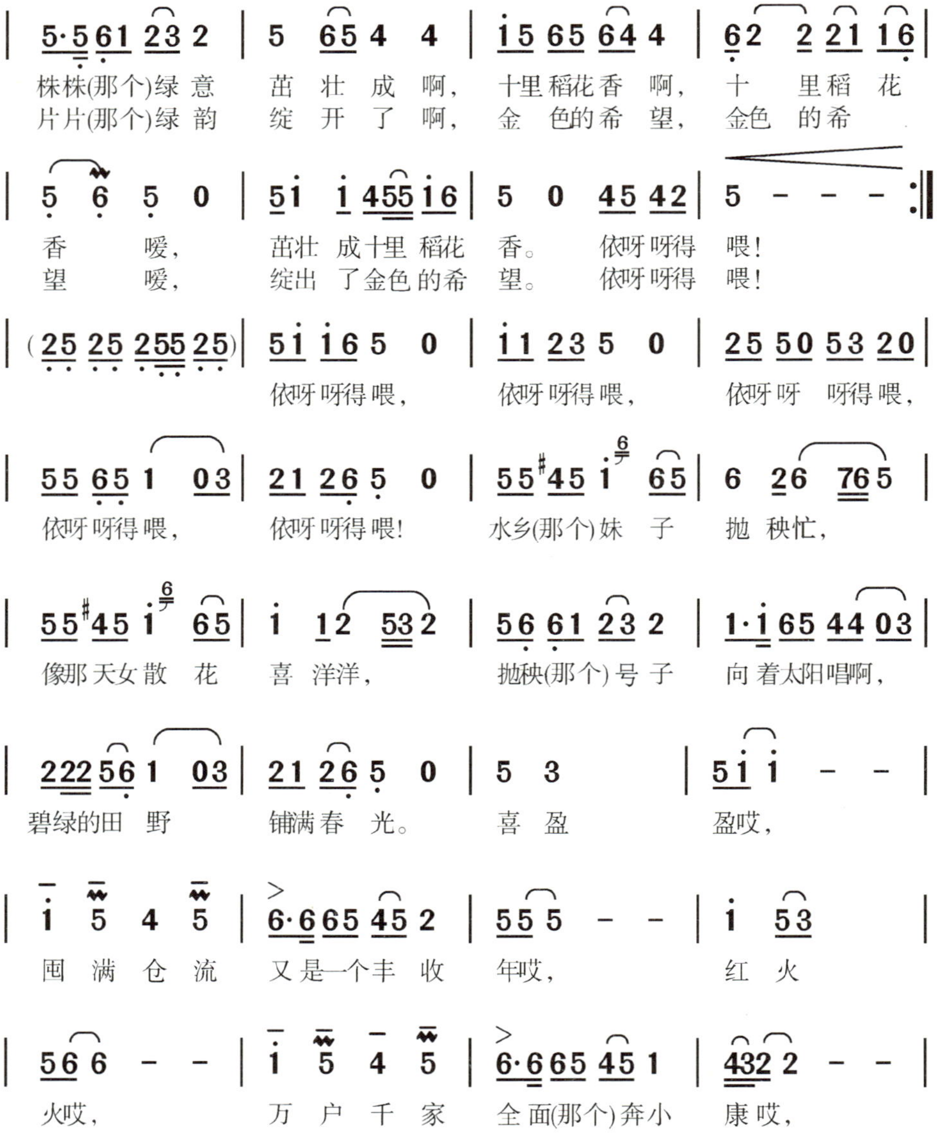
株株(那个)绿意 茁壮成啊，十里稻花香啊，十里稻花
片片(那个)绿韵 绽开了啊，金色的希望，金色的希
香 嗳，茁壮成十里稻花香。依呀呀得 喂！
望 嗳，绽出了金色的希望。依呀呀得 喂！
依呀呀得喂，依呀呀得喂，依呀呀得喂，
依呀呀得喂，依呀呀得喂！水乡(那个)妹子 抛秧忙，
像那天女散花 喜洋洋，抛秧(那个)号子 向着太阳唱啊，
碧绿的田野 铺满春光。喜盈 盈哎，
囤满仓流 又是一个丰收 年哎，红火
火哎，万户千家 全面(那个)奔小 康哎，

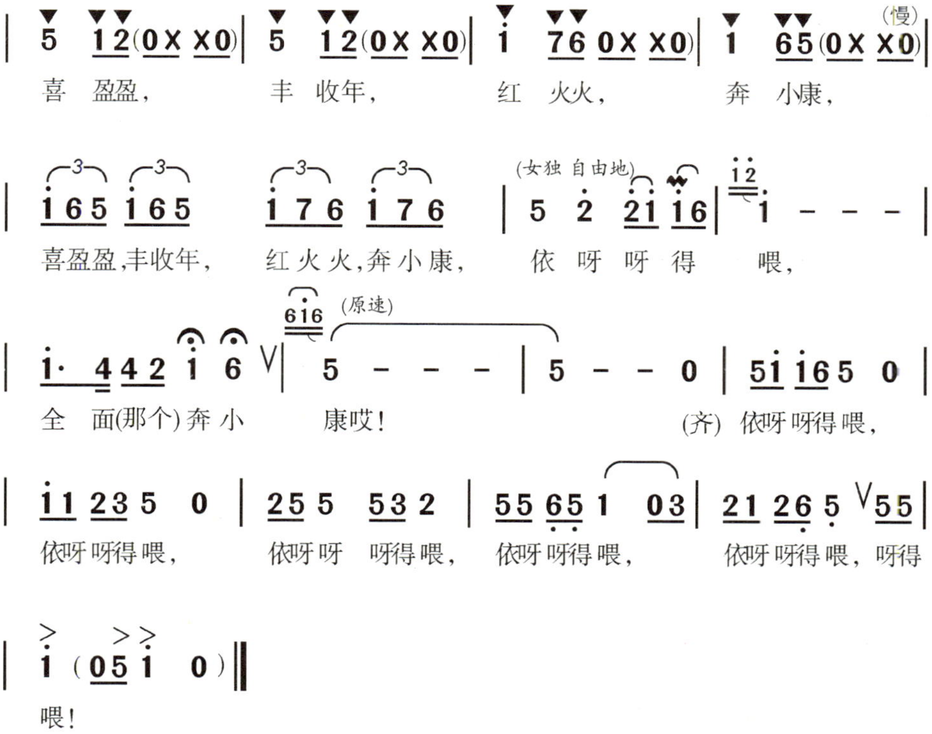

（该作品荣获东台市群众文艺会演创作演出一等奖）

后　记

2005 年 5 月，我从乡镇文化站借调到市文化局工作。2007 年，从办公室调到文艺科。科室负责人丁庆江同志把科室工作分成两块，一块是群众文化，另一块是非物质文化遗产。另外一名同事选了群众文化，非物质文化遗产自然就归了我。这项工作我一干就是 16 年。

2008 年年底，我的编制也落到了文化馆，死心塌地做自己喜欢的事情也就没有了后顾之忧。第二年，省文化厅部署全省非物质文化遗产资源普查，我在乡镇文化站站长的帮助下完成了本市的非遗资源普查，主编出版了《江苏省非物质文化遗产普查东台市资料汇编（上、下卷）》。

“为什么我的眼里常含泪水？因为我对这土地爱得深沉……”

在这一年的非遗资源普查过程中，我对家乡的历史和文化有了最直接的感受，海量信息铺天盖地包裹了我。这些年来，我深陷其中不能自拔，为自己是东台人而自豪，这成为我做好非遗工作的力量源泉。

东台为古扬州辖境，海陵县地。公元前 117 年（西汉元狩六年）建西溪镇。公元 937 年（南唐升元元年），海陵监驻“泰州东北之东台场”，东台之名从此见于史籍。东台也得此地利成为淮南盐区集散地。

新石器时代的开庄遗址、古风遗存的西溪小镇、香火绵延的泰山护国禅寺、朴素挺拔的海春轩塔、蜿蜒秀丽的范公长堤见证着东台的历史文明。

2007 年，东台市率先公布了第一批县级非遗项目，共 7 个。如今东台市已公布了七批市级非遗项目。在此基础上，随着四级申报体系的建立和完善，东台市非遗项目也有了四个级别，其中国家级 2 项、省级 21 项、盐城市级 25 项、东台市级 8 项。非遗项目是靠传承人撑起来的，于是，所有这些项目集合起一支不同级别的100多人的传承人队伍。

2018年年底，依靠国家、省、市非遗补助资金，我们着手建设非遗展示馆，建成的展示馆让人赏心悦目。经过三四个月的布展，展示馆正式对外开放，成为广大东台市民和外地游客了解东台传统文化的又一个窗口。

有关东台非遗的“四梁八柱”已基本搭建完成，我们又开始准备这本《海风河韵——东台市非物质文化遗产选粹》的出版事项，以图文的形式呈现东台非遗文化。历经两年多，这本书终于要面世了。感谢从东台走出去的骄子嵇亚林先生，百忙中为本书写了序言；感谢江苏大学出版社的编辑，为本书付梓出版付出辛勤劳动！

正值书稿在出版社校对之时，江苏省人民政府公布了第五批省级非物质文化遗产代表性项目名录（苏政发〔2023〕100号），东台市申报的17个项目全部上榜，无一遗漏！同时，东台市也是全省县市区中入选项目最多的城市。一时间，心里五味杂陈，但更多的是辛勤付出之后收获的满足感。

绵延数千载的东台，其厚重的历史孕育的非物质文化遗产绝不是一本书所能包容的，但管中窥豹，可见一斑耳。

由于编者水平有限，书中疏漏在所难免，敬请读者不吝赐教，以期再版时改正。

王晴晨

2023年11月